この子らを救え！

ねがい親の会の軌跡と波紋

宮越禎子
MIYAKOSHI Teiko

文芸社

はじめに

障害児者支援。

かつては、限られた人しか福祉支援を受けられなかった時代がありました。しかし近年、障害のある人たちが自分の地域で支えられながら、社会生活に踏み出せるような支援が徐々に進められるようになり、その状況は大きく変化しています。

身体障害、知的障害、発達障害、精神障害、難病などさまざまな障害を持つ人たちが、それぞれに合った支援を受けられるようになってきています。地域生活支援や就労支援、医療・療育など、多様なサービスが整備されるようになり、一人ひとりのニーズに寄り添った支援が提供されつつあります。

さかのぼること、約六〇年前。

私は、近所に住む、重度の脳性小児まひのひとりの少女に出会いました。

その少女との出会いをきっかけに、重度障害児を抱える親たちに出会い、「ねがい親の会」の立ち上げメンバーの一人として関わりました。一九六四年（昭和三九年）のことです。

今の時代では信じられないかもしれませんが、当時の日本では、本人及び保護者の意思にかかわらず、多くの障害児の保護者に対し、「就学猶予・免除」が適用されていました。障害児のための学習環境の整備が遅れていたため、本人及び保護者が学校教育を受けることを希望しても、ほとんどの場合、入学が認められなかったのです。

一九四五年（昭和二〇年）、終戦。

新憲法のもと新たな国づくりを始めた日本は、復旧・復興を最優先し、教育や経済の立て直しに力を注ぎました。しかし、その歩みは決して容易ではありませんでした。戦争の爪痕は深く、社会全体に貧困と混乱が蔓延していました。

このような状況のなかで、障害児たちは、社会の片隅に置き去りにされがちでした。国家主義的な教育体制のもと、障害児たちは、教育を受ける機会すら十分に与えられなかったのです。

社会全体が混乱する中で、後回しにされていた障害児者支援。「ねがい親の会」では、対策がないままに取り残されている子どもたちの幸せと、障害福祉の向上の願いを込めて、「重症心身障害児の通園施設の建設を」「養護学校に高等部、幼稚部の開設を」と、陳情・署名運動などを重ねました。私は、「ねがい親の会」の事務局として、会報「ねがい」を編集。親たちの声をまとめ、配布しました。

私たちの活動は、各種メディアに取り上げられ、またたく間に県内に広がりました。

そんな中で、希望の光が差し始めます。

障害児支援の機運が高まり、国も本格的に対策を講じ始め、養護学校や特殊学級（現在の特別支援学級）が全国的に増えるなか、一九七九年（昭和五四年）、養護学校教育の義務制が実施されました。そして、施設の子どもたちも、教育を受けることができるようになったのです。

また、同年、障害のため通学して教育を受けることが困難な重度の児童生徒には、養護学校等の教員が家庭や医療機関等を訪問して教育を行う「訪問教育」が実施され始めました。

月日は流れ、平成時代になると、日本の障害福祉改革は大きく進展。「脱施設」という理念で進められるようになりました。

従来、障害のある人は、病院や施設で生活することが一般的でした。しかし、施設での生活は個人の自由や自立を制限し、地域社会との交流も限られていました。

そこで、グループホームや小規模作業所など地域生活を支援するサービスが整備されるようになり、地域の中で自立した生活を送れるよう「施設から地域への移行」が積極的に進められるようになりました。

令和に入り、障害福祉改革はさらに進化しています。そのキーワードは「共生の社会づくり」です。単に施設から地域に移行するだけでなく、障害のある人が地域社会の一員として当たり前に受け入れられ、障害者と健常者が互いに尊重し、共に支え合いながら暮らせる「共生の社会づくり」の実現を目指そうというものです。

障害者が通常の学校に通い、健常者と共に学ぶ機会を増やすために「インクルーシブ教育」の推進も進められ、「共に生きる」社会のあり方が問われています。

「共生の社会づくり」は、「ねがい親の会」の親たちが最も望むことでした。

約六〇年前の「ねがい親の会」の活動が、現代の障害福祉対策につながる道を切り開くひとつの要因として、大きな役割を果たしていたのではないでしょうか。

時がたった今だからこそ、当時、就学猶予や免除を受けていたあの親子たちの実態や悲しみ、流した涙や汗は、障害福祉対策の歴史をたどる上での「生きた証言」として記録にとどめておきたい。

そんな思いから、本書の執筆に思い至りました。

本書では、「ねがい親の会」の立ち上げや活動内容とその波紋に加え、二〇〇一年（平成一三年）、私の地元・秋田県比内町（現大館市）に立ち上げた小規模作業所「とっと工房」についても振り返ります。

「ねがい親の会」や「とっと工房」の立ち上げ、運営を通して、私は多くのことを学びました。障害児者支援の課題はもちろん、行政との連携、地域住民の理解促進、資金調達などさまざまな苦難がありましたが、何とか乗り越えてきました。

しかしその一方で、子どもたちやその保護者、施設利用者たちの笑顔や成長を見守る喜びも数えきれません。彼らの可能性を信じ、共に歩むことで、私自身、命の尊さや人間としていかに生きるかなどを考えさせられ、学ぶことが多かったと感じています。

障害児者支援は、決して一人では成し遂げられるものではありません。関係者すべてが手を携え、共に歩んでいくことが大切であると感じています。

「ねがい親の会」や「とっと工房」の立ち上げの記録を一冊の本にまとめることで、障害児者支援の歩みや当事者の思い、そして関係者たちの苦労や努力を広く知ってもらい、「共に生きる社会」のあり方について改めて考える一助となりましたら幸いです。

宮越　禎子

目次

第二章　国をも動かし始めた「ねがい親の会」の思い
――広がる支援の輪

第三章　新たなる希望へ

――加速する障害福祉対策と「ねがい親の会」

第四章　時代は平成・令和に

――障害福祉対策の方向転換

第一章　「ねがい親の会」の誕生
――重度障害児をもつ親たちの叫び

脳性小児まひの少女・れいこちゃんとの出会い

時は一九五九年（昭和三四年）。

私の自宅のすぐ向かいに、当時八、九歳だったれいこちゃんが住んでいました。でもれいこちゃんは、学校には通っていませんでした。いや、「通いたくても通えなかった」と言ったほうが正しいかもしれません。

なぜなら、彼女は、重度の脳性小児まひだったからです。

れいこちゃんは、二歳のとき、感染症による高熱で脳性小児まひを発症。いろいろと手をつくしたそうですが回復せず、医療機関にも見放され、言葉も手足も不自由でした。施設に入ることもできず、「就学免除」を受けていたのです。

「就学猶予・免除」とは、当時の学校教育法で定められた、「病弱・発育不全その他やむをえない事由のため、就学困難と認められる者の保護者は、子どもを学校に通わせる義務がない」というもの。

日本では、明治時代の中期ごろから義務教育の基盤が出来上がり始めました。しかし、当時は障害のある児童が学校で義務教育を受けるための環境はほとんど整備されていませんでした。そのため、障害のある児童の保護者は、「就学猶予・免除願い」を申請しなければなりませんでした。結果として学校教育をほとんど受けない児童も存在し、れいこちゃんも、そんな児童のひとりだったのです。

彼女のお母さんは病気で亡くなり、お父さんとごきょうだいと暮らしていました。成長するにつれ、少しずつ歩けるようになり、わずかながら手を動かしたり話ができるようになったりなどの進歩も見られるようになりました。学校には通えませんでしたが、近所の子どもたちと遊ぶことができるようになり、私の妹のところにも来るようになりました。

当時、私は二〇代で、小学校の臨時講師として教職についていましたが、夏休みや冬休みに自宅にいるときは、いっしょに遊んだり、勉強を教えたりするようになったのです。

私はれいこちゃんに鉛筆やクレヨンを渡し、字を教えたり、クレヨンで色を塗ったりすることから始めました。

初めて鉛筆を手にしたれいこちゃんは、一生懸命取り組もうとするものの、手の力が弱く、思うように鉛筆やクレヨンを操ることができません。

緊張のせいか口元がゆがんでしまい、震える右手を左手でおさえながら文字を書こうと頑張っています。この姿を目の当たりにして、「この子にこんなことをさせていいのだろうか」という疑問がふつふつとわいてきました。

しかし、そんな私の気持ちをよそに、れいこちゃんは字を書くことや絵を描くことに一生懸命取り組んでいました。

色の区別がつくようになり、丸や四角などの形も上手に描けるようになり、「絵が描けた！　絵が描けた！」と大喜びのれいこちゃんは、私に聞いてくるのです。

「わたしは、いつから学校に行けるの？」と。

「れいこちゃんの学校は、ここ（私の家）だよ」と、妹が言い聞かせていたようですが、すぐ近くに地元の子どもたちが通う公立小学校があることを、れいこちゃんは知っていました。

当時、どんな思いでその小学校を見ていたのでしょうか。

私は、当時の日記に、こんなことを綴っていました。

「れいこちゃんは、人として生きる道を閉ざされてしまったのだろうか。障害があるからといって、人の子として生きる道を閉ざしてはいけない。少しでも持ち続けている人間性を育て得るしくみを、だれかが作らなければならないのだろうか。それは、このような障害を背負った子どもたちへの償いであり、義務でもあるはずだ。見ているだけでなにもしないことは、罪ではなかろうか。前方にあるひとつひとつの光に向かって進む姿勢を力強く持ち続けさせてやりたい。教師としての立場から、私もひとつの力になりたい」と。

れいこちゃんの母親がわりに参加した「短期療育克服訓練」

一九六四年（昭和三九年）七月。

私は、彼女のお父さんから、相談をもちかけられました。秋田市内にあり、重度の障害をもつ子どものための療育施設「大平療育園」で、秋田県肢体不自由児協会が主催する「短期療育克服訓練」開催の通知をいただき、れいこちゃんを参加させたいとのこと。

ところが、参加させるには、「母親が同行すること」が条件だというのです。お母さんはすでに亡くなっていたので、母親がわりになって、訓練に連れていってくれないだろうか、とのことでした。

当時、脳性小児まひの後遺症と戦っている子どもたちは、秋田県にはかなり多くいると推定されていました。しかし、その療育施設は前述した「大平療育園」があるだけで、ベッドは一〇〇床しかありません。

このため、秋田県肢体不自由児協会は、毎年夏の時期に脳性小児まひの子どもと母親を大平療育園に集め、過去に参加経験のある一班は四泊五日、初めて参加する二班は五泊六日の短期療育克服訓練を実施していたのです。

私は教職についていましたが、夏休みでもあり、引き受けることにしました。れいこちゃんは二班で、訓練に参加した親子は二四組でした。

こんなに多くの重い障害をもった子どもたち、そしてその親たちといっしょに過ごすことは、初めての経験でした。新聞記事などである程度の知識はあったものの、この世の中には、生まれながらにして、あるいは突然病で体が不自由になったり知恵が遅れてしまったりする子ども、そして、悩み、苦しみながらわが子と日々向き合う親たちがこんなにいるのかと、ただただ衝撃でした。

「このままでは帰れない」訓練最終日の出来事

短期療育訓練最終日の前日の夜。

訓練の主催者である秋田県肢体不自由児協会の事務局の方が、「折り入ってお願いがあります」と、突然私の元にやってきました。

六日間の訓練に参加した母親たちは、同じ悩みをもつ親子が数多くいることを知ることができて心強く思ったいっぽうで、帰宅のときには再び不安を抱いて帰らなければなりません。その理由は、親子の住む町や村には、療育訓練や教育を受けることができる場所がないからです。

事務局の方は、『このままでは帰れない』という母親たちの声をまとめて、県当局に陳情してほしい」というのです。

私が教員であること、高校、大学時代にはＪＲＣ部（青少年赤十字）に所属していたことを知ってのことでした。

隣の部屋の、同じ教員である雄鹿悦子さんに相談したところ、力強く「いっしょにやりましょう。私も頑張るから」と。そこで皆さんに呼びかけたところ、全員大賛成。就寝準備をしていた布団をまきあげ、一室に集まり、話し合いが始まりました。

『『あなたのお子さんが入る施設はありません』と言われて、このまま帰ることはできません。手をつなぎ励まし合い、陳情に行きましょう」という意見に、全員が賛成。

「学校にも行けず、施設に入ることもできず、年に一度の短期訓練を受けることしかできないこの子たちに未来を」「幸せの薄い子どもたちの生きる権利を守るために、もっともっと施設をつくってほしい」等々、次々と「ねがい」が出されました。

私は、「自分にできることは、励まし合いのための会報をつくること」と思い、皆さんに約束しました。

そして、母親たちのねがいをまとめ、徹夜で陳情書を書き上げました。

陳情書（原文ママ）

私たちはこの度、肢体不自由児協会の主催による脳性マヒの子のための短期療育克服訓練に参加させていただき、非常にありがたく思います。

七月二七日、秋田に集まってきた時は、これをきっかけになんとか施設に入れていただけないか、今の状態よりも明るい光を持てないかと思ってきました。

六日間の訓練で私たちは、同じ悩みを持つ母子が数多くいることを知り力強く思いました。不幸を背負ったことを嘆かずに、幸せの出発はここにあるのだと感ずることもできました。しかし、今、帰途につくにあたり、新しい不安を抱いて帰らなければならなくなりました。

脳性マヒの子の入る施設は秋田には無いとのこと、その道はあまりにも遠いことを知らされたからです。

聞くところによると私たちは選ばれてこの訓練に参加できたとのこと。難しいと知りつつも誰もがこの太平療育園に入れていただきたいと思って来ました。

しかし、何十人という入園希望者がいて、いろいろなテストを重ね、たとえ登録が出来ても三年後か、四年後か保障はできないとのこと、そのうちに学齢が過ぎてしまい入園の道は閉ざされてしまいます。太平療育園の門はあまりにも狭い事実を知らされました。

知恵が遅れ、しかも手足の不自由な子達にも等しく教育や訓練が受けられる場所はないのでしょうか。

太平療育園の隣には、今立派な養護学校が建設中です。しかしこの門も狭き門とのこと。肢体不自由に加えて知恵遅れや視力も弱い等二重三重の障害を背負っているからです。でも、どんなに知恵が遅れどんなに体が不自由でも私たちの子供たちは「覚えよう」「体を動かそう」と努力しています。

立つことが出来なかった子が始めて立った喜び　二歩しか歩けなかった子が三歩あるいた喜び、この喜びは同時に母親たちの喜びでもあります。自由にならない手を使って皮膚が剥けてしまうほどの努力をし、物をつまむ訓練をしている子もいます。六日間で得た経験は家庭に持ち帰って有効に生かすように努力します。しかしこの子らには訓練や教育の場が必要です。

知恵だけ遅れていたら特殊学級に入れましょう。手足だけ不自由であれば、それに合った職業を身につけ社会人として進む道もあります。しかし私たちの子たちはその両方の障害を背負っているのです。どうかこの子達にも等しく教育や訓練が受けられる施設を早い機会に拡充し、私たちの進む道を明るいものにしていただけないでしょうか。

昭和三九年八月一日

短期療育克服訓練二班の母親一同

　翌日。

　秋田県肢体不自由児協会の事務局が用意してくれたバスに、迎えに来た家族と私たち親子の六〇名と協会スタッフ一、二名が乗り込み、秋田県庁に到着。知事は不在で、県の福祉課長他数名が玄関ホールで対応してくださいました。

　私は、一行の代表として、前述した陳情文を読み上げました。母親たちの席からはすすり泣きや嗚咽（おえつ）の声があふれ、県の福祉課長さんたちも、涙で受け止めてくださいました。

　母親たちは、これをきっかけに結束。手を握り合い、「また会いましょう」と励まし合い、別れました。

　そのときの様子は、地元の新聞にも「身体不自由児に狭き門　全員入所は三年後　母親たち県に対策陳情」と大きくとりあげられ、反響をよびました。

「ねがい親の会」の前身「脳性まひの子を持つ親の会」の誕生

ひとりだけで悲しんだり、苦しんだりしているのではなく、体の不自由な子どもをもつ親たちみんなが苦しんでいる。でも、お互いに手をつなぎ合って励まし合えたら……。そして、重い障害をもつ子どもたちのための施設の新設を、みなで力を合わせて広く要望することができたら……。

短期療育訓練に参加した母親たちによびかけ、誕生したのが、「ねがい親の会」の前身である「脳性まひの子を持つ親の会」です。

私はこの会の事務局担当になることを申し出て、皆さんとの約束どおり、親たちのさまざまな声や思いを集め、「会報」という形でまとめることを決めました。

記念すべき、会報第一号の発行は、一九六四年（昭和三九年）八月一九日。短期療育訓練に参加した母親たちの文通の内容をまとめました。当時の会員は、二四名。会報第一号は、四九部作成しました。秋田県肢体不自由児協会の方々は、私たちの活動を熱心に応援してくれました。

短期療育訓練で隣の部屋だった雄鹿さんも、ご主人と共に、会報の発送を引き受けてくれました。そしてすぐにも支部を結成し、活動を開始しました。

ここで、障害児者支援に人生を捧げ、「脳性まひの子を持つ親の会」「ねがい親の会」の運営や活動についても常に適切な助言をくださり、重い障害をもつ子どもたち、親たちの未来に向け会を導いてくださった方を紹介したいと思います。

小野寺舜平（おのでらしゅんぺい）先生です。

小野寺先生は、鹿角市花輪のご出身。北海道で教員をしていたときに知的障害の子に出会ったことをきっかけに、障害児教育・福祉の道に進むことを決められました。故郷に帰り、花輪町に「手をつなぐ親の会」を立ち上げ、花輪小学校の特殊学級創設を導き、障害児施設「東山学園」を創設。県内でも、この道のフロンティア的活動をしている方です。

小野寺先生との出会いは、前述した短期療育訓練のとき。当時、東山学園に入所していた男の子とその母親を、大平療育園まで送ってきていたのです。

同じ県北出身であり、活動への志に感銘を受けた私は、帰宅してから約一か月後に、会報第一号をお届けするため東山学園を訪問しました。そして、「親の会」の今後のあり方や活動・運営の進め方、組織化などについて相談し、さまざまな指導を受けることができました。

「脳性まひの子を持つ親の会」の活動をもっと世に広め、会報を一人でも多くの方に読んでいただきご理解やご協力を得るためには、仲間をつくることがなによりも大切であることを再認識した私は、短期療育訓練のときに一緒だった雄鹿さんと連絡を取りながら、広く呼びかけを行うことにしました。

短期療育訓練一班の皆様　仲間になりましょう

私たち二班は、訓練最後の夜に一室に集まり、同じ悩みのある者たちは、手をつながねばならないことをお互いに確認しあいました。施設の不足からどんなに願っても入所は叶わぬ事実を知らされ、また、この子たちには療育の必要があることを知るにつけ、どうしても手をつながずには、話さずには、叫ばずには帰られませんでした。おそらく第一班の方たちも同じ気持ちだったと思います。そこで私たちは、ささやかでも、お互いに悩みを分け合い励まし合う会をもとう。そして、私たちの声を関係諸方面に聞いていただこうと思い立ったわけです。また、翌日は、県庁にも陳情にいってきました。一班の皆さんどうぞ仲間になってください。

同年九月に会報第二号を作成し、この手紙をそえて配布しました。すると入会希望者は続々増え、会員は五〇名になりました。その後一〇月には、会報第三号を作成、配布。同時期に、小野寺先生は、花輪町の東山学園長として、秋田市内で開催された「東北ブロック精神衛生研究会」に出席。その所感を、地元紙・秋田 魁（さきがけ）新報に以下のように寄稿し、障害福祉のこれからについて力強く訴えています。

・精神障害者の治療と社会復帰、重症心身障害児の保護と療育は、これらの人たちをとりまく周囲の人々が待ち望んでいる。

・議論だけで終わらせず、この大会を機会に、東北地方に精神衛生の施設をつくろう。

・社会福祉、精神衛生の向上発展はだれもが願っていること。しかし、それを胸にしまっておいただけでは、恵まれない子らは救われない。勇気をもって叫び、施設づくりの世論を起こそう。そして、その世論の果実を、子どもたちに心をこめて贈ろうではないか。

（一部要点のみ抜粋）

私は、同年十月発行の「ねがい」三号に、次のような呼びかけを寄せました。

【旅人よ】

旅人よ　この子の母となり　道を歩む者達よ
この道は、世の人々に
あまり知られていない所にある険しく、遠く、狭い道
この道を歩む者、それは　ただ一人
自分だけだと思っていた　母　母　母たち
たくさんの同志がこの道を歩み、
もっともっと多くの同志がこの道を歩むことを
身を持って感じていなかったのではないか
その母　母が　あなたもあなたもと手をとり合い

慰め　励まし合い　力を寄せ合った時　心の輪垣が出来るのだ
この子らは　この道を指し示して手を引いてくれた小さな同志だ

旅人よ　この子の母となり　道を歩む者達よ
あなたは一人ではない　たくさんの同志がいるではないか
心を寄せ合い　手を繋ぎ共に歩もうではないか。

「ねがい親の会」の誕生

「脳性まひの子を持つ親の会」が誕生してから四か月後の一一月。

会報を手にした母親たちが、秋田市の県福祉会館に集まり、座談会を開きました。

目的は、「県内に、重度障害児が利用できる施設の建設を要望する運動を起こすこと」です。


この目的を果たすために結成されたのが、「ねがい親の会」です。この日の座談会を結成総会とし、「ねがい親の会」は、ひとつの団体となりました（会員数約七〇名）。

当事者である親たちの中から、会長、副会長、幹事三名を決め、世話役として、県肢体不自由児協会副会長の方、小野寺先生、そして私の三名が就任しました。会報は「ねがい」と名付け、二か月に一度発行。会員相互の親交を図りながら重度障害児のための施設建設を要望し続ける決意を新たにしたのです。

「ねがい親の会」を立ち上げ、初めての陳情書を紹介します。

陳情書（昭和三九年一一月二六日）

ねがい親の会立ち上げにあたって

私たちは七月三一日から今日の日を待ち続けてきました。会報四号を手にしてこの機会に私たちの組織をつくろうと話し合いました。それぞれの願いをまとめてみました。

どうか「親のねがい」が県当局の施策に反映して、一日でも早くこの子たちが守られることを秘めてここにお願い申し上げます。

・家庭における子供を一人でも多く学校へ行けるよう地方にも養護学校をつくってください。
・太平の養護学校に高等部をお願いします。
・太平療育園に重度者を入園させる教室を。母子入園でもいい。
・私の子どもは歩くこともご飯を食べることも一人で出来ない小児マヒです。母親がついて通える施設をつくってください。
・夏季短期訓練は有効です。もう少し期間を長くしてください。
・太平では精薄はダメ。精薄の施設は小児まひはダメという。どこにもはいれない。普通学級にいるがお客様です。
・東山学園に入れて下さい。
・スクールバスによる通園の養護学校を早くつくってください。
・一八歳になると学園を出なければならない。その後どこへいけばいいのですか。一般就労は困難です。
・悩める全家庭を守る県のご指導と施設が是非ほしい。
・重度障害児を受け入れてくれる施設が欲しい。

・私はこの五月三〇日まで小学校の特殊学級の担任でした。私の子どもは、脳性小児まひで寝たきりです。六月から教職を退き、この子のために一生懸命です。私によい知恵をかしてください。

続々と届く親たちの声と「ねがい」

会報発行後は、次々と親の思い、ねがいが寄せられました。悲しみ、悩み、怒りは全てわが子に対する愛情であり、赤裸々な心情が切々と寄せられています。

全てを載せたいのですが、個人情報や守秘義務等もあり、要点と、ほんの一部の方々の投稿を一部引用で紹介させていただきます。

・短期訓練でたくさんの仲間がいることを知った。励まされた。
・訓練で子どもの意識が変わった。教わった訓練を家でも頑張るようになった。
・学齢に達すると、家のすみに取り残されてしまう。訓練の場、教育の場を一日も早く作ってもらえるよう知事さんにお願いしてください。

・特別のはからいで特殊学級に入れてもらえたが、指導上の困難から退学届を出すように言われた。いてもたってもいられず、「ねがい親の会」の小野寺先生に相談した。

・教育の機会均等や義務教育をうたっている憲法や教育基本法に失望した。私の息子は就学免除で自宅にいる。友達が遊びにくるようになりありがたいが、自分にも教科書が欲しいとせがむので本屋に行ったら「学校の許可が必要」、学校では「学籍がない子には渡せない」とのこと。家にいる息子にも教科書を分けてほしい。

（れいこちゃんのおじさんから）

『すべての子どもに幸せを』

これは親たちの、また、社会の願いでなくて何でありましょう。

しかし、世間には生まれながらにして、あるいは突然、身体が不自由になったり、知恵が遅れたりする子どもがたくさんいます。

一人の力では、どうにもならない。

これら「社会の子どもたち」に力を合わせることは、私たちの責任であるとムチを打ってくれたこの「ねがい」の編集者に驚きと喜びと敬意の念を禁じ得ないのです。

文面に出てくる親の子を見つめる心の流れに私もいろいろ勉強させられました。
夏期訓練を土壌として生まれた「ねがい」がみんなから励まされ、大きく育つことに力を合わせましょう。

小野寺先生は、会報「ねがい」四号に、次のような呼びかけを寄せました。

『心の輪垣で　この子らを世の光としよう』

この子もあの子も　どの子もみな同じ仲間
だから　どの子の親も　親として希おう仲間の希いを
この「ねがい」に集めて築こう心の輪垣を
自分とこの子をどうしたらよいのかわからなくなったとき
その悩みと苦しみを　この心の輪垣「ねがい」に繋ごう
多くの仲間がねがいを固め　ねがいに慰められ
導かれ　明るく強くなろう

この子の福祉（しあわせ）を高めるために
そして世の中の幸せのために
この子らを世の光としよう　この子らは　世の光
親はこの子の故に　涙を知り　悲しみを識り
この子の故に怒りを悟る　この子らは　世の光
人々は　この子の故に生命の尊さを味わい
この子らの故に　生きていることを歓び
この子らの故に　感謝と合掌の真実を学ぶ

（会報「ねがい」四号より）

こちらは、れいこちゃんのおじさんの思いです。

『心の輪垣でこの道を』

できるとすれば
それは「この子の身代わりになること」こうつぶやいた母親
やるとすれば
それは「この子のしあわせのため」こう叫んだ母親
つぶやき、叫び　そしてこの広がりは
いまこの子らのため一本のむすびとなって「ねがい」にあつまった。

この道は険しく　この道は遠く　この道は細く　狭い
しかし、「ねがい」がやがて　人の心を動かし　人の心を集めたとき
「ねがい」は善意と光となり　力となり　家となり　人々の笑顔とかわる
このためにやらなければならないこと
それは「この子らに光を与えること」
小さいがみんなで力を出そう「ねがい」「ねがい」ねがいのために

（会報「ねがい」五号より）

『素晴らしい仲間意識と連帯にはっと目がさめた』

私の次男は今六歳、普通なら今春ランドセルを背負って小学校に入学するのですが、就学免除を申請し家で療育。

眼科・小児科・県立中央病院・仙台の大学病院など歩けるだけ歩きましたが、脳性まひという悲しい結果に終わり、わが子を抱きしめ今後どうしたらいいかと悩み、悲しみ、将来の不安と焦燥にかられるのをどうすることもできませんでした。

ところが、暗く希望のない灰色の家庭に閉じこもって生活していた私の心を大きくゆさぶり新しい勇気を与えてくれたのが「ねがい親の会」の会誌です。

妻と二人で息もつかず、胸の高鳴り、激しい感動をおさえながら読みました。

たくさんの方々の悩み・苦しみ・わが子への愛情が切々と綴られている一つ一つの文の中から、何かしら私の心に呼びかけてくるものを感じました。

そうだ。嘆き悲しんでばかりいても、子どもは救われない。重症心身障害児の親たちはこんなにたくさんいる。

みなが、少しでも子どもが幸せになるよう心を合わせ、力を合わせ、同じ仲間となって頑張っている。
私は初めて、そんな認識をもつようになりました。
そして、その素晴らしい仲間意識と連帯感に、私は「はっ」と目が覚めたのです。

心を寄せ合い、静かに語ろう子どものことを。一人ぼっちではないのだ。
みんながとなりの人に、肩に手をかけて話しかける。その日の喜びと悲しみを。
心のそこに、この子を育てる喜びと生きがいが
わたしたちの助け合い、励まし合いの中に湧き出る。
この子らのゆく道は、遠く、そして険しい。
しかしわたしたちは、くじけない。
そのからだに重いわが子を背負ってその胸にわが子をだきしめて
わたしたちは進む。心を寄せ合いながら。

（会報「ねがい」一一号より）

奥様は、次のような言葉を寄せてくださいました。

何の苦労も知らずに育った私に神様はこの子を授けてくださった。
少しは苦労を知りなさいと。
泥沼にあえいでいる私にぽっかりとかすかな灯がついた。
親の会の集いと人々との心のふれあいと。
消えないでくれ　強く光ってくれ　私どもの進む道を。この子を背負って行く道を。
導いてくれる明るい光。消えることのないこの光に　私はまっすぐ進む。

（会報「ねがい」一二号より）

そしてこのご夫妻は、県南湯沢地区の親の会を結成、会報発行、研修会、療育指導、相談会、親子レクなどを企画し地域のリーダーとしてご活躍。活動の輪を広げてくださいました。会報四号には、秋田市の会員より次のような激励が寄せられています。

『この子らに生きる権利とよろこびを』

どなたも幸せの薄い子どもを生もうとする親はいませんし、不自由な心と身をもつ子どもに育てようとする親はいません。かく申すわたしもまた、五才になっても言葉をいうことのできない長男の親です。

幸せにしたい親のねがいにかかわらず、体を動かすことのできない子、知恵が著しく遅れている子、一時も他人の世話なしには生きていくことの出来ない子が、現にたくさん居ります。

この子どもたちにも、人間として楽しむ権利があります。

どんなにあまし者であり、やっかい者であってもこの権利は当然のものです。

しあわせの薄い子ども達のこの権利を守るためにつくしてやることは恩恵的に施しをするのではなく社会の大事な仕事だと思います。ひとり、その子の親たちのつとめにとどまらずこの社会に生きている人の連帯の仕事です。

ですから、わたしたちは、

「もっともっと施設をつくってください」

「もっと在宅療育の巡回看護制度をつくってください」

「重症児手当を三倍にしてください」

「医療はすべて無料にしてください」

と叫ぶのは、人間として生きることの、それこそ最低の要求で、行政に要望することは憚ることのないことだと思うのです。

この子どもたちの出生や発病について専門的な医学的診断も、もっと精密になされる必要もありましょう。

「なぜ、こんな不幸な子どもになったか……」と私も妻と共に深夜その寝顔を見ながら親たる責任を感じて枕を濡らすことも一切ならずあります。

学齢になってもランドセルを背負えない子どもの背中を見て暗然たる気持ちを持つ方の心境もお聞きしています。

でも必要なことは現にこうして生きているこの子に「どうしたら今より少しでも生きていることの喜びを与えることができるのか」ということだと思います。

そしてその一つ一つの体験や知恵をたとえ小さなものであってもみんなで分かち合い交流し合って専門家、医師福祉関係者の助言で確かなものにしていく努力がもっともっと必要だと思います。

重症心身障害児を持つ親にはこわいものは何一つないということが私にもわかってきま

した。

人間、裸になって子どもの生きることを支えるこの力は世のどんな力よりも強いことがわかります。こわいものがあればそれは子どもの退歩です。

生きることの楽しさ喜びを身につけさせるためには、甘やかすことだけでなくこの子のギリギリにやれる仕事やくらし方をきびしく躾けることも必要です。

いつも母に食事をやしなってもらっている子どもに、私どもはスプーンで一人で食事をさせることをこの正月からやっています。もう食膳もその下も飯つぶだらけです。

しかし、一膳の食事を三十分かかっても自らの手で口で食べ終わるまで容赦しないことにしました。この効果がいつ現れるのか予測もつきませんが子ども自身が飯つぶだらけにしながら「自分の意志で食事をすること」のわけを身につけさせたいと思います。

親たちがもっともっと手をにぎりあい、組織的に運動を起こすなら、私たちの願いは、少しでも前向きになるのではないでしょうか。

皆さんの力によってできたこの会は、きっと一人ひとりの子ども達の前にしあわせの扉を開いてくれるにちがいありません。

胸張って明るくがんばっていきましょう。


（昭和四二年一〇月発行の「つうしんねがい」に再掲載）


重度障害児を持つ子どもたちへの深い愛情を基盤に、悩み、苦しみながらも彼らを社会の一員として尊重し、共に歩んでいこうとする親たちの強い意志が込められています。

私たちは決意を新たにし、当時者の親たちと共に、重度障害児を救うため、全県に向け
「手足の不自由な子どものための療育施設を」

「寝たきりの子どもにもよい環境を」

「養護学校に高等部を」

などの署名運動も始めました。

障害をもつ当事者・加藤武さんの思いと「ねがい」

ここで、「ねがい親の会」の仲間の一人・加藤武さんの紹介をしたいと思います。

武さんは、体も言葉も不自由なため、学齢になっても学校へ行けませんでした。しかし妹さんが学齢に達した年、お母さんは、武さんを学校へ通わせることを決心。それから六年間、お母さんと厳しい二人三脚登校を始めました。お父さんお母さんの愛情と武さん自らの血のにじむような努力で、歩行・言語・学問を身につけ、職業を得るまでになりました。

お父さんは国鉄の職員で、夏は鉄道弘済会の八幡平玉川小児まひセンターに勤務。武さんもこの施設で働いていました。

武さんは、玉川小児まひセンター利用の「ねがい親の会」会員を通して「ねがい」の仲間となり、体験記を寄せてくださいました。体験記は会誌二号から一四号まで一〇回。最終回では四国への一人旅の様子を綴られ、多くの人々に感動と励ましを与えてくださいました。

以下、武さんの投稿の中から、一部抜粋して紹介します。

『小学校へ入学　歩行訓練を』

自分は小学校一年まで、自分の力で歩行は不能。何かにたよってならいくらかという所でした。

それが今では、一人前の働きが出来るようになった。自分でも不思議です。

だが考えてみますと、これだけになるまでに、父母の体を犠牲にして来て立っていることをわすれることは出来ません。

最初は、おばあさんの考えで、天井から二本の竹をつるしてとにかく立つことでした。

毎日同じことが何か月続いたか。小さい時でしたから、嫌がって泣いたでしょう。

これが終わると今度は、踏ん張る力をつけること。これにはやはり三輪車です。

父母は農業、鉄道の忙しい中にも各病院にも行き、マッサージもしてくれました。

その後、自転車で母の後を追っかけて田んぼへ行ったり畑に行ったりでずいぶん丈夫になったのですが、まだ一人歩きはできず、よちよちでした。

妹が八つ、自分は一〇の時です。母が妹を小学校に入れて兄が入らないではかわいそうと、重大な決意だったでしょう。

これから何と六年間、長いことです。

学校へ行くには、母は乳母車を押させて足をつよくいくらかでも遠くへ行くよう、そして疲れたところで車に乗せてもらうのです。

朝、とにかく母が家事をやっている間に出るのです。

母に追いつかれないよう遠くに行こう遠くに行こうと、とにかく一生懸命でした。そして、追いつかれて二人でよろこんでいる嬉しさ、
一日一日と長くなっていく歩行。

今でも忘れることは出来ません。


（会報「ねがい」三号より）

『生きぬかねば』


世間が一人の人間として認めてくれないことから、自分の働ける職場なんかないものと思い込み、働けないままに父母が死別したら、自分はどうなることだろう。

考えれば考えるほど、怖く恐ろしくなってくるのです。

何も持っていない自分が誰にでもめいわくがられてしまうでしょう。

そうなる前に打つ手がある。自分が父母の先に死んでしまうか――。

これが一番良い道だと思いました。

そうすれば父母の残す財産は全部妹の物になる。

何もかも安泰ではないか、と思いました。

だが、その考えを抑えてしまうものが一つあるんです。

それは、父母の愛情です。

父は職場より自分が第一と考え、また、母は自分の体を犠牲にしてまでし、妹の分の愛情まで配って育っている自分です。

いわば、家族という肥料を土台にして生きている立ち木なのです。

苦しさのあまり枯らしてよいでしょうか。

死んでもよいでしょうか。

もし、今、自分という立ち木が枯れてしまったら、今までの肥料は無駄であったでしょう。

父母の苦労は水の泡となって消えてしまうでしょう。

そう考えると死ぬにも死ねない身でした。

ただ、弱い力をありったけ出して力一杯ぶつかって生きていくのです。

さあがんばって、人生登山に出発しよう。

（会報「ねがい」六号より）

突然起きた、悲しい出来事

「ねがい親の会」が結成され、県内各地に支部ができはじめ、さあ、これから組織的な活動を本格的にしていこうと思った矢先、悲しい出来事が起こりました。

一九六五年（昭和四〇年）一月、二か月前に就任したばかりの副会長さんが、心疾患で突然亡くなってしまったのです。残されたのは、ご主人と、二人の息子さん。息子さんは当時、一二歳と九歳で、下の息子さんが重度の脳性小児まひでした。母親は、介護に専念するため教職を辞し、親の会の活動にも精力的に取り組み始めたばかりでした。

ご主人も学校の先生で、残された重度の脳性小児まひの息子さんの日中の介護は不可能でした。そこで、「息子を施設に入れたい」と小野寺先生と県に相談したところ、「受け入れ施設はありません」とのこと。

当時、秋田県には障害児施設が何か所かありましたが、これらの施設に入所できるのは、比較的軽度な障害児だけに限られており、重度障害児の受け入れ施設は、秋田県はもちろん、東北地方にはどこにもありませんでした。

このため、重度障害児の場合は、東京都多摩市の「島田療育園」、東京都東村山市の「秋津療育園」、滋賀県大津市にある「びわこ学園」といった専門施設に入所申請を提出し、許可通知がくるまで、つまりベッドが空くまで待つしか方法はありませんでした。

じつは、これらの施設は、ベッドは空いていました。ところが、ベッドは空いているものの、重症障害児の手となり足となり、いっしょに生活して世話をする看護助手の希望者が少なく、受け入れ人員が極端に制限されていたのです。

途方にくれ、肩を落とすご主人……。

小野寺先生は島田療育園の後援会に入会しており、息子さんの入所の道を開くため、療育園や県の関係者に力強く働きかけてくださいました。私たちは、重度の障害児支援施設の必要性を改めて感じ、さらなる運動の強化を決意しました。

雪解けもまだ遠い、一九六五年（昭和四〇年）二月。

北国の寒風が吹きすさぶ中、「ねがい親の会」結成時より始めた署名運動は、熱気を帯びていました。

署名活動に参加した人たちは、それぞれの思いを込めて署名にペンを走らせてくださいました。重度障害児を持つ親たちは、子どもたちの未来に希望をつなごうと願い、周囲の人たちは、社会全体の課題としてこの問題に取り組むべきだという強い意志がこめられていました。

そこで、私たちは、これまでの署名運動をまとめ、再び県に陳情しました。

陳情書

私たちは秋田県下に潜在する在宅重度心身障害児を今日の状態より少しでも福祉するために昨年八月以来真剣にこれと取り組み、各方面に理解と協力をお願いしてまいりました。

過日、太平療育園の親の方々と話し合う機会がありまして次のような事になりました。

私たちは、早速このことを署名陳情して「ねがい」が県当局の特別のご理解とご英断によって実現しますように親と地域の有志とでここまで歩んできました。
ここに署名がまとまりましたので「ねがい」を添えて関係各位に陳情請願いたします。

ねがい

一、短期療育指導の施設をつくってください。
二、重症心身障害児（在宅）に愛の手を差しのべてください。
三、養護学校に精薄部を併設してください。

署名運動　昭和四〇年一月二五日～二月四日
署名総数　一九〇六名（県北六六五名　県央六〇九名　県南六三二名）

「ねがい親の会」の動きはメディアの話題にもなり、重度障害児対策の遅れが、世論としてにわかに浮上していきました。

第二章　国をも動かし始めた「ねがい親の会」の思い

――広がる支援の輪

重度障害児の看護を担う「おばこ天使」の誕生～島田療育園に集団就職～

東京南部の多摩市に広がる、なだらかな多摩丘陵。その丘のひとつに島田療育園はたっています。重度障害児が過ごすだけに、中途半端な善意や同情だけでは、この園で看護職員はつとまりません。島田療育園は、一九六四年（昭和三九年）、ベッドを五六床増設しましたが、看護職員の不足によりベッドは空いたまま。全国で三万人ともいわれる重度障害児をもつ家庭から、入園申し込みが殺到しているというのに……。

重度障害児をもつ親たちから「わが子を島田療育園に入園させてほしい」という要望を受けていた秋田中央児童相談所は、かねて島田療育園に入園のお願いをしていました。しかし、島田療育園は「ベッドは空いているのですが、重度障害児の子どもの看護に精神的に耐えきれなくなって退職する職員が多く、人手不足で引き受けかねます」と、つれない返事を繰り返していたのです。

そんな中、事態は動き始めました。

島田療育園が、「秋田県から看護助手をあっせんしてくれるのなら、何人かは重度障害児を受け入れることができます」というのです。

その数日後の、二月五日。

県内に取り残された重度障害児の運命が、大きく変わる出来事が起きました。

秋田魁新報に、「秋田から看護の手を　島田療育園への入園待つ重症心身障害児」という四段見出しの大きな記事が出たのです。「秋田県には、島田療育園への入園を心待ちにする重度障害児たちがいる。しかし、深刻な看護助手不足により、入園は容易ではないのが現状だ。ただし、秋田県から島田療育園に看護助手を派遣できれば、彼らの未来が切り開けるかもしれない。彼らの未来は、希望と現実の狭間に立たされている」という内容でした。

執筆したのは、秋田魁新報社の渡辺誠一郎記者です。

この記事の反響は、非常に大きいものでした。ちょうど就職時期であったことも幸いし、看護助手希望者からの問い合わせや手紙が、秋田中央児童相談所や島田療育園に殺到したのです。

中央児童相談所において厳しい選考が行われ、希望者に何度も意思を確認した結果、一六人もの採用者が決まりました。

一六名全員、秋田県に住む、一〇代から二〇代の若い女性たち。高校新卒者、証券会社の社員、デパート店員、県庁のエレベーターガール、花嫁修業中の方、短大合格を蹴った方、受験浪人中の方、県立病院小児科の現役看護婦、県厚生連病院の現役准看護婦などさまざまだったそうです。

この女性たちは、秋田魁新報により、「秋田で生まれ育った娘さん」を表す「秋田おばこ」が、重度障害児に愛の手をさしのべたとして「おばこ天使」と称され、新聞やテレビでも大きな話題となりました。ちなみに、「おばこ天使」の名付け親は、前述した秋田魁新報社の渡辺誠一郎記者です。

一九六五年（昭和四〇年）三月三〇日、午後六時四六分。

「おばこ天使」第一陣・一三人が、急行「第二おが」号で秋田駅を出発しました。

彼女たちの出発を見送るため、県議会開会中の合間を縫って知事が駆けつけて激励。娘さんたちの家族や関係者の見送りで、ホームはいっぱいでした。

翌日の三月三一日、午前六時三二分。

おばこ天使一三人が、東京・上野駅に到着。

島田療育園の職員の出迎えの模様とおばこ天使について、新聞各紙は、

「よく来てくれました　島田療育園で看護　秋田の娘さん上京」

「若い灯を高くかかげて　秋田から上京した一三人の天使たち」

「張り切る秋田の天使　島田療育園」

などと報じ、全国から賞賛されました。

前述の、急逝した「ねがい親の会」の副会長の息子さんも、はれて島田療育園の入園が決まり、第一陣のおばこ天使たちとともに、秋田県から島田療育園へと向かうことができたのでした。

島田療育園では、後援会便りにこのおばこ天使の出来事を紹介し、その喜びを次のように伝えています。

「島田療育園にたくさん働く人がきて下さって、空いているベッドにどんどん子どもを入れてあげることができるようになったのです。殊に秋田からは、集団できてくれました。皆さまのおかげです。本当にありがとうございました」

（島田療育園後援会便り五号）

おばこ天使の誕生や献身的な働きぶりは、全国的にも大きな話題となり、その後の国の重症児対策の推進や加速化に大きな影響を及ぼしたことは確かです。

五月七日からは、前述した秋田魁新報の渡部誠一郎記者による「この灯を永久に　島田療育園の春」という連載記事が掲載されました。この連載は、島田療育園に派遣された「おばこ天使」たちの奮闘を描いたものです。記事では、島田療育園で働くおばこ天使の元気な姿が郷里の秋田県民に伝えられました。彼女たちの愛情と優しさは、多くの人々の心を感動させました。

「おばこ天使」はこの国の障害児福祉施策に大きな警鐘を鳴らし、社会のあり方、福祉のあり方を世に問いかけ、障害者福祉の大きな灯となったのです。

重度障害児問題は、国の施策問題として浮上

くしくもこの時期、作家・水上勉さんが、重度障害児をテーマに、朝日新聞で連載を始めました。タイトルは、「春の来ない谷間」。

これは、当時、もっとも大きな困難に直面し社会から手をさしのべられるのを待っていた「重症」といわれる各種の障害児に焦点をあてながら、その実情を訴えた記事でした。

連載五回目では、秋田おばこ天使についてもふれ、「政治の谷間に捨て置かれた重症児救済こそ、いま、だれかがしなければならないことなのです」と結んでいます。

この重症児とは、肢体不自由と精神薄弱を併せもつ重症心身障害児、視覚障害と精神薄弱を併せ持つ精神薄弱児、筋ジストロフィー児、サリドマイド児、肢体不自由と精神薄弱を併せ持つ脳性まひ児など。児童福祉法の下では顧みられることのなかったものの、高度

経済成長とともに顕在化した障害児たちでした。

また、このシリーズのほかにも、国立玉浦療養所（カリエス専門病棟）の医師の活動や思いを取り上げ、「就学猶予・免除」あるいは長期欠席している結核学童に対する教育の意義を説いています。

またあるときは、筋ジストロフィー児が自宅で生活している姿を取材し、「もう涙を流す期間も過ぎました」「どうすればなおるのか、それだけです。研究してください。国がお金を出してほしい。退職金を投げ出してもいいです」と、両親が訴えたと記述しています。

この子たちを、このままにしたままではいけない、という水上氏の提言や、おばこ天使が島田療育園の看護助手をかって出たことをきっかけに、重度障害児問題は、「国の課題」として政府を動かし、対策を検討する要因となったことは確かです。


一九六五年（昭和四〇年）八月。

厚生省は、手足の不自由な子らについて初めての実態調査を行いました。同省では五年に一回のペースで（前回は一九六〇年・昭和三五年）障害児者の実態調査を行っており、新聞報道によると、前回の調査では、成人の障害者は九五万人。一八歳未満の障害児についての全国調査は初めてとのことでした。

調査の結果、一八歳未満の手足の不自由な子は一一万六六〇〇人、このうち重症児は一万七三〇〇人。秋田県の重症児は、調査前の推定は五〇人でしたが結果は四〇九人でした。

当時の重度障害児受け入れ施設は、前述したように、東京の「島田療育園」「秋津療育園」、滋賀県大津市の「びわこ学園」で、いずれも民間施設。国の施策が非常に立ち遅れていることが浮き彫りになったのです。秋田県の重症児四〇九人のうち、すぐにでも施設収容が必要な子は一二一人。この中に「ねがい親の会」の子たちがたくさんいました。

「心身障害児に国立施設を」と、「全国重症心身障害児を守る会」の親たちは、連日、厚生省、大蔵省、国会議員会館等へ押しかけ冷たい廊下に立ち続け、繰り返し声をあげていることが、当時のマスコミで報道されています。

「ねがい親の会」は、「国立施設を秋田県にも」と、県独自の対策を求めてさらなる運動の強化をはかりました。

「ねがい親の会」支部が続々誕生、会員数が一〇〇〇人を超える

会員数七〇名から始まった「ねがい親の会」。活動を続けるにあたり、その目的と活動内容について改めて整理し、役員も改選。会長は小野寺舜平、副会長は、県北・雄鹿幹夫、県央・桑山邦亨、県南・佐藤要吉の三氏があたり、下部組織には地区長・代表者を置き、会の名称もその地区に応じたものになりました。

ねがい親の会の目的と活動

この会は、会員相互の結びつきを深め、心身に障害のある子どもの幸せをねがい、福祉の増進のために活動し、社会の理解を深めることを目的とします。

①心身障害児の問題について広く社会に訴え理解と協力を得るようにつとめます。
②心身障害児の保護療育、教育と生活指導、職業指導の振興をはかります。
③会員みんなの親睦をはかり、研修を深めます。
④施設の誘致、そのほか必要なことがらについてその実現のために働きかけます。

⑤会報を発行します。
⑥関係団体と連絡をとり相互協力します。
この会は、秋田県内それぞれの地区において地区の会長が事業を計画しこれを行うことができます。小野寺会長は地区の総会・研修会に出席、各種相談に応じます。


「ねがい親の会」は、県内の各地域に次々と支部を設立。

一九六四年（昭和三九年）一二月、県北能代地区が早くも療育指導・相談会を開き支部結成。続いて一九六五年（昭和四〇年）、県南は十文字・横手・湯沢・大曲に、県央は秋田市・男鹿南秋・由利本荘に、県北は比内・鹿角に次々と設立。

各支部とも障害の別や程度にかかわらず受け入れ、その状況に応じた幅広い活動が展開されるようになりました。療育相談会や交流会、行政への請願・陳情、会報の発行などさまざまな活動を通してその地区の障害児者と家族を支え続けていきました。また、各支部・地区とも関係機関に連絡をとりながら活動し、その活動は、秋田魁新報や地方紙に報道され、注目を集めるようにもなりました。

県央の副会長・桑山さんは、加速的に進められている県の重症児対策の御礼と、さらなるお願いを述べるため、子ども連れで知事面接日にも参上しています。

各地の支部活動が盛んになり、会誕生一年後の一九六五年（昭和四〇年）八月の親会員は一〇三名、賛助会員五〇名、一九六六年（昭和四一年）一月の親会員は三七〇名、八月には賛助会員を含めて一〇〇〇名を超えるようになりました。

また、会誌発行のたびに各地から激励が寄せられ、県肢体不自由児協会や社会福祉協議会・青年会、各地区の婦人会、ＪＲＣ、ライオンズクラブ、教職員、施設職員、市民などから続々とカンパが寄せられました。中には匿名や秋田魁新報社を通したもの、多額の寄付もありました。おかげさまで会活動に有効に使わせていただきました。改めて心からの感謝と御礼を申し上げます。

世論を動かし、社会運動になった証でもありましょう。

「この地域運動が連鎖反応を起こし、これが全県的問題に発展したことは、障害福祉対策の貧困にがまんができず立ち上がった親たちの当然の希求でありましょう。それぞれの地域で親のねがいをまとめ、請願・陳情を重ね、何はともあれ施設増設運動を続けましょう。多くの同胞が一人ももれなく安心できる対策を。この声を親ばかりでなく県民の声にしなければなりません。そして定期的に情報交換しながら、秋田県の障害福祉の向上のため、さらに役に立てるような団体をめざすべく、心を新たに」と、小野寺会長は呼びかけています。

会員が一〇〇〇名を超えるようになり、これまでのような手作りガリ版謄写版刷りの会誌「ねがい」作成は困難になり、印刷は業者にお願いすることにしました。地域社会の啓蒙と関係機関への配布にも活用できるような機関紙「つうしんねがい」の発行です。

会報誌「ねがい」は会員の心の結びとし、機関紙「つうしんねがい」は一〇〇〇名を超す会員の活動の結びとして親しんでいただけるような構成にすることにしました。

「つうしんねがい」創刊号（一九六六年七月二〇日発行）には、小野寺先生が、次のようなメッセージを寄せています。

「ねがい」の仲間一〇〇〇人を越える

一人のこの子に、幾十人もの善意が寄せられて、その愛に灯がともる
この愛は、人を助け、励まし、尊い命を守る。
この愛は妬まない、誹謗しない、殺さない、
そして静かに、この子らの福祉を高めるために働く。
無言の力がここにあって、偉大な母の願いは、
高ぶる心を砕き、砕けた心が大きく広がって、虚心の祈りとなる。
この祈りがやがて、すべての人々に支えられ、仲間は立ち上がり
「ねがい」に連なるみんなに新しい勇気と人生の喜びとを分かつ。

広がる「おばこ天使」と「愛の一〇〇万人運動」～おばこ天使秋津療育園にも～

一九六五年（昭和四〇年）三月に誕生したおばこ天使は、その後も続々と増え続けました。三月三一日の〝第一陣〟以降も、秋田県から重度障害児施設への就職希望が増え、その年の七月、今度は東京都東村山市の「秋津療育園」への就職を志願、九名のおばこ天使が「秋津療育園」に出向き、看護助手として働き始めました。

飯田川町（現潟上市）出身の藤原陽子さんも、おばこ天使の一人でした。藤原さんはそれまで秋田市内の協同組合で働いていましたが、「おばこ天使」の記事を読んで一念発起。周囲を説得して応募し、採用されました。

「秋津療育園」で一九六五年（昭和四〇年）七月から一年八か月、その後は秋田県に誘致された国立重症児施設「本荘愛育園」の開設にあたり望まれて帰郷、引き続き看護助手としてご活躍。秋津療育園での経験については、『おばこ天使　ある青春─重症児と共に生きる』という一冊の本にまとめ、出版しています。

「人の役に立ちたい」との志を抱いて園に就職した経緯や、重度障害児と向き合う中で感じた喜びや葛藤について、温かくも鋭い視点で記録しています。

「ねがい一〇号」には、次のような体験・感想を寄せてくださっています。

おばこ天使、秋津から

施設で働く者のつとめとは

夏の間は、痛く感じた太陽も今はすっかり弱まりうす陽が差し込む程度となり、風の冷たさに体を縮こませながら屋上で洗濯物を干す作業をしなくてはならないようになりました。暑くても寒くても子どもたちの使うおむつの数は決して変わらずいつも二〇〇〇枚ちかくを洗い続けることで日が過ぎていくことも辛いものを感じないで頑張っている洗濯場の係の人たち。私たちも月の一〇日間はしなくてはなりません。

何もできない子に多くのことは望まないけどせめて、「おしっこ」の一言が言えるようにならないかしらといつも考えています。何かの動作で、表情でそれを示してくれるように……と。

かすかな希望を持ち子どもに訓練をさせるのも決して空しいものではないことがわかってきました。目に見えないくらい少しずつ、本当に微かずつですが、子どもたちの成長していくのを見るにつけても重症児の生きる権利を守ってやらなくてはと強く感ずるのです。自ら要求できない子たち、すこしでも幸福を与えてやらなくてはならないと思いながら、よだれがベトベトロのまわりについた子どもに頬ずりされるとき、私はその子に自分の頬をよせてやります。親から離れた子どもたちに親の愛には及ばないかも知れないけれど精一杯の愛を与え、そして、明日を信じての訓練をしてやるのが施設で働く者のつとめなのではないでしょうか。

何の資格も持たずに飛び込んで重症児に接し、肌で感じた現在の心境です。……今日も明日も重症児と共に過ごす生活は一日一日が試練でありまた勉強であるのでしょう。常に子どもたちを見つめながら前進したいと思っております。

（会報「ねがい」一〇号より）

今、受難の子らに手をさしのべずにして、いつできるのか。やるなら、今。

そんなときに湧き起こったのが、重度障害児への理解と支援を深めるための運動「愛の一〇〇万人県民運動」です。提唱したのは、先に紹介した小野寺先生。

以下、小野寺先生によるメッセージを紹介します。

この灯を守ろう　愛の一〇〇万人県民運動の提唱

「この灯を永久に」秋田魁新報夕刊に、さきの「島田療育園の春」に続いて「島田療育園の夏」が連載され、またまた世間の話題になっている。同園に働く一五人の秋田娘を励ます動きが全国的にみられることは誠によろこばしい。

記事の中で県児童相談所長が「あの一五人の篤志女性を励ますのは県民の義務である」と結んだのも全くその通りと思う。

私は、去る昭和三八年正月、機会を得て島田療育園を見学、誕生したばかりの島田療育園後援会に私だけでなく妻、妹、弟まで加入させていただいた。

このほど届いた会報には、「たくさん働く人がきてくださって、あいているベッドにどんどん子どもを入れてあげることが出来るようになった。働く人は、大分からも、富山からも、茨城からもというように、日本中から集まってきてくれました。特に秋田からは、集団できましたのでこのことは皆様もテレビでごらんくださったことと思います。皆さまのおかげで本当にありがとうございました」と感謝を込めた一文が載っていた。県の一五人の若い女性がともした愛の灯を、いまこそ全県民がこぞって大きな炎として燃え上がらせなければならないのである。

いま、県内には、百人を越えると推定される重症心身障害児が潜在していて、その一人一人が島田の子どもと同じような親切と暖かい看護を受けられる日を、訴えるすべもなく待っている。一五人によって点火された県民の愛の灯が一日も早く、このような子どもたちに向けられることを私は期待したい。

私は十余年前、自ら求めて知恵の遅れた子どもたちの問題にとり組んできた。思えば実に多くの人から励まされ教えられ、さらには、親たちの叫びにひかれて曲がりなりにも前進を続けることができた。いま私が働いている花輪町の東山学園には、三〇人の園児と一三人の職員がおり、協力会員や保護者の援助のもと、明るい学園づくりに励んでいる。ここにも島田の娘さんたちと同じ年ごろの若い女性たちがいて、明日を信じ苦しい献身の日々を送っている。県内でこういう施設で働いている女性はまだまだいる。島田の娘さんや県内のそういう女性たちのためにも、私たちはただ励まし、慰めるだけでなく一つの行為をもって立たなければならないのではなかろうか。

この方法として、私は、「愛の一〇〇万人県民運動」を提唱したい。法の谷間に忘れられたままになっている百余の重症身障児のために、県民一人一人が一〇〇円ずつの献金をする。

集まった浄財をもとに、県内に島田に劣らぬりっぱな施設を建設する。これは、夢ではない。やれば出来る。

一五人の娘さんのともした愛の灯を私はそういうかたちで永久にともし続けたいと思う。

（秋田魁新報文化欄　昭和四〇年七月四日付より）

七月一〇日には、会報「ねがい」第七号を発行。

この号では、小野寺先生による「愛の一〇〇万人県民運動」の呼びかけを受け、「ねがい親の会」の新たな旅立ちを思い、未来に向けての決意を私が綴りました。

ねがいの仲間づくりをはじめよう

昨年（一九六四年）七月の末

母子夏期療育訓練に集まった母親達に

「あなた達の子どもさんの入る施設は無いのです」

「あってもその道は遠く　施設の門は狭いのです」と主催者の言葉
この言葉に、背を向けて帰ることのできなかった二四人の母親達

この母親達がそこに見出した一つの支え
それはお互いに手を握ること
握りしめた手の中で苦しみを分け　悲しみを分け
励ましあって力を結集することを

その心が　会報「ねがい」につながった
二号　三号　四号と「ねがい」の声は親から親へ　関係者に　協力者に
小さな声では　あるけれど伝わった。
親達のこだまは「ねがい」四号の発行の日
ようやく　会長さんを迎えることができた。
そして五号　一月　この子らの福祉、施設を求めて県下に署名運動を展開した
会員一人ひとりが地域の協力と理解を求めて

二千余名の署名を集めることができた。

また、県下の全市町村の役所を通し
多くの仲間を求めて呼びかけ会報「ねがい」が届けられた。
「ねがい」が単なる「ねがい」にとどまらず
いつしか行為となって生きてくることをわたしは　願う。

この一年で会員は協力者を含めて一〇〇名近くになった。
遠くは　東京からこの会を見守り　資金を届けてくださる方もいる。
秋津療育園からの励まし、全国重症心身障害児者を守る会からの励まし
ねがいの会は多くの人々の心を動かし多くの人々の心に支えられている
入会したばかりの重症児の突然の死
介護のために教職を退き「ねがい」の運動に加わり
副会長になったばかりの方の突然の死
「重症児施設を県下にも」と訴えるが如くに

「ねがい」の動きは、新聞の話題にもなり
重症児対策の遅れが　にわかに浮上してきた　そして
三月の末までに一四人の「ねがい」の子がそれぞれの施設に入園

「看護はまかして」と島田療育園に自ら希望し
重症の子らに入園の道を開いてくれた秋田の娘さん達
「おばこ天使」と呼ばれた　一五人の娘さん達
秋津療育園にも一〇人の若い娘さん達が行く

「おばこ天使」はこの国の障害福祉施策に大きな警鐘を鳴らし
社会のあり方　福祉のあり方を世に問いかけた。
そして障害福祉の大きな灯となった。

この灯を秋田で守ろう。

「愛の一〇〇万人県民運動」の第一歩を「ねがい」の親たちで踏もう
　守りの第一歩それはつくりの第一歩でもある。

我が子を見つめ
自分の地域を出発にこの灯を守り　親達の手で
新しい出発をしようではありませんか

「愛の一〇〇万人県民運動」が活発化するなか、東京都多摩市「島田療育園」の小林園長が「おばこ天使」のお礼を言いたいと秋田県にいらっしゃり、重度障害児の診断及び医学相談が行われました。この相談会には、六〇名もの重度障害児とその家族が訪れました。これは、当時としては非常に多くの数であり、重度障害児への支援体制強化の必要性が示されたものでした。

　同日、小林園長を囲む座談会が開催されました。この座談会には、県関係者、小野寺先生、島田療育園に秋田県から初めて入所した「ねがい親の会」の子の父親・佐藤さんが出席し、重度障害児への支援について活発な意見が交わされました。
この様子は、「受難の子らへ暖かい手を」の見出しで秋田魁新報に大きく報道されました。その一部を紹介します。

島田療育園園長・小林提樹氏
「秋田県の人口からみても、重症児は三〇〇人いることは確かです。秋田の娘さんは施設の人手不足を解消しただけでなく、国の重い腰をあげさせてくれたものですから大変なものです。これまでのわが国の福祉行政ではかつてなかった奇跡です。政府は次年度中に国立の重症児施設を造るべく、予算なども検討しているようです」

「ねがい親の会」会員・佐藤さん
「私の次男は、娘さんたちのおかげで島田に入園できましたが、それまでは一体だれにすがればよいのか、精神的な支えを与えてくれる人が全くいませんでした。民生委員や児童委員に相談しても『あなたは学校の先生だからいろんなことを知っているでしょう』と、とりあってくれません。役場へ行ってもかけあってもらえず、それに何をするにも手続きが複雑です。私の体験では、重症児を抱えた親たちは、世間体などよりあきらめから表面に出てこないのだと思っています」

東山学園長・「ねがい親の会」小野寺先生

「私の施設には十数人の重症・重度児がいます。施設はいくら造ってもとても追いつかない状態です。一家心中・両親離婚など家庭崩壊の危険がある場合も入所対象にすべきです。両親の深い愛情に包まれている場合は、施設より現状のままのほうが、子どもにとっては幸せなことです。ただ、そのような家庭は現実的には少ないですし、両親の肩にのしかかる精神的・経済的な負担は大変なものです。重症児対策の資金を、施設づくりだけでなく家庭にももっと与えてほしいと思います」

これらの意見のほかにも、他の民間団体への補助金や関連団体のあり方など、活発な議論が交わされました。

これに対し、県の関係者から「重症児は五〇人前後と考えていた。ショックだ。今後の対策について決意を新たにした」「県は、大平療育園に重症児ベッドの併設を検討している。家庭崩壊のピンチに立たされている重症児については、島田療育園や秋津療育園にお願いし、一人でも多く入所できるよう、本日の皆さんのお気持ちを知事に報告し、対策を進める」という言葉をいただきました。

その後、島田療育園の小林園長から、「ねがい親の会」に「秋田の皆さんには大変お世話になりました。お礼を兼ねて、報告及び私にできる恩返しを致したく訪問。県として新しい対策が進められることで、私の秋田訪問が報われるよう望みます（一部抜粋）」という内容の手紙が届いています。

「愛の一〇〇万人県民運動」広がる支援の輪

一九六五年（昭和四〇年）八月。「ねがい親の会」の活動は、さらに加速していきます。会では、「愛の一〇〇万人県民運動」の協賛を、秋田県教職員組合、ＪＲＣ、市町村に依頼しました。そして、国立の療育施設の誘致、在宅障害児者への扶養手当の支給、施設職員の待遇改善などを求めた陳情書を、秋田県知事と県議会議員一人一人に送付しました。

新たな活動拠点が県南地区にもでき、集会には県課長や県南福祉事務所長も参加し、重度障害児への支援について話し合いました。

同年九月。

ついに、国の政治が動き始めました。厚生省が重度障害児対策に本腰を入れ、在宅障害者への扶養手当の拡大、重度障害児施設の整備に取り組み、予算要求をこれまでの一七倍に増額することが発表されたのです。

「ねがい親の会」は、この発表を受け、九月六日から全県下で署名運動を開始しました。

署名運動では、国立重症心身障害児施設の秋田県への誘致を求めました。同時期、「心身障害児に理解を」という番組がテレビ放映され、この番組では、塩谷児童福祉審議会会長、小野寺「ねがい親の会」会長が対談し、重度障害児への理解と支援の必要性を訴えました。

またたくまに一万を超える署名が集まった同年九月、私は、「ねがい」八号に、さらなる運動の広がりを求めて以下のように呼びかけました。

『愛の署名　一万四千余』

この子の苦しみは　この子だけのものではない
この子の苦しみは　この母のものだけでもない
この家族のものだけでもない

多くの人々にこの子の幸は何かと問うてみよう
多くの人々と手を握り　握りしめた手の中で
この子の幸せは何かと考えてみよう。
一万四千余の愛の署名が　この子の幸せを求めて集まった。
この子らのねがい　この母たちのねがい　すべての人々のねがい
多くの人々の愛を受けて、これから何をすべきか
自らの心の中で問うてみよう。

（会報「ねがい」八号より）

その後も各地で署名運動が続き、総数は、二万一〇〇〇を超えました。

第三章　新たなる希望へ
――加速する障害福祉対策と「ねがい親の会」

厚生大臣が現地の声を聞く会～一日厚生省～

一九六五年（昭和四〇年）九月二九日。

時の鈴木善幸厚生大臣ご一行が秋田県を訪れ、記念すべき会合が開催されました。「厚生大臣が現地の声を聞く一日厚生省」東北地区会です。

午前中は、東北六県から代表一二名が意見と希望を述べ、厚生大臣が答弁しました。午後には、秋田県内から一六名が発言し、「ねがい親の会」の会長もトップで発言しました。

その時に厚生大臣に伝えた内容は、以下の通りです。

一、私たち重症心身障害児を持つ親たちが声をからして叫び、又、お願いしていることは、この子どもたちに施設を建ててもらいたいことです。先に厚生省が四一年度対策として国立重症施設を全国に数ヶ所設置するようであります。この際その一つを秋田県に是非建設してもらいたいのでございます。その理由として

①　重症施設で最もこまっているのは人手不足であることと聞いていますが、ご承知の通り、秋田県からは、その人手不足に悩んでいる島田、秋津両療育園に十数名の若い娘さんが進んで奉仕したことは全国的に大きな反響を呼び全国民から感謝されています。この情熱が厚生省の重症心身障害児対策を大きくとりあげられた力にもなったのではないかと思います。どうかこの娘さんたちの情熱に酬いるためにもぜひ秋田県に建設してもらいたいのです。

②　このことにつきましては、県民の関心が非常に高まっていて、県はじめ、ねがい親の会、手をつなぐ育成会、肢体不自由児協会等関係団体が一丸になって施設の誘致運動を進めようとしています。また、若しも秋田県の建設地として指定された場合は、その受け入れ体制が十分整っています。

③　私たち重症児を持つ親達で結成している「ねがい親の会」が発足当時三十数名であっ

たが一年足らずの今日では二七〇名の会員になったことを見ても、又、先般来県した島田療育園の小林園長先生の一日診断した結果から見ても秋田県には三〇〇名以上の重症児がいるものと推定され、他県に比較して、かなり多いのではないかとおもわれるのです。以上の理由から是非　秋田県に国立施設を建設してもらいたいことを強く要望いたします。

二、現在、精神薄弱者福祉法、身体障害者福祉法とそれぞれが制定されているのですが重症心身障害者にも福祉法を是非制定してもらいたいのです。

三、先般厚生省の重症児対策に重症心身障害児者に対して扶養手当制度を設けることになっていますが、この場合、所得制限を大幅に緩和して出来るだけ多くの子どもに支給されるようにしてもらいたいのです。

一〇月二〇日、「ねがい親の会」が提出していた陳情書「国立療育施設の誘致方等について」が、県議会で採択されました。これは、「ねがい親の会」の活動が行政に認められたことを示すものです。
同年の一二月二七日、これまでの、重度障害児施設建設の陳情に対する回答が、秋田県総務部長より届きました。

陳情に対する回答

さきに「国立重症心身障害児施設を秋田県に設置について」陳情がありましたが、このことについては、重度心身障害児の問題は児童福祉の理念、家庭福祉の観点から早急に施設に収容し療育指導を講ずる必要がありますので国立重症心身障害児施設をぜひ秋田県に設置されるよう強く陳情し、その実現に努力いたしているところであります。
また、重度精神薄弱児扶養手当の範囲を拡充し在宅保護が十分なされるようこれまた国に要望しているところでありますし、一日厚生省の際、国でもこれが実現に努力すると答えている状況であります。なお施設の職員についても年々改善されてきておりますが更に要望してまいりたいと考えておりますのでご了承ください。

昭和四〇年一二月二七日

秋田県総務部長

ねがい親の会　小野寺舜平様

一九六五年の一年間で、「ねがい親の会」の活動は、目覚ましい発展を遂げたことを実感することができた回答でした。陳情や署名運動、講演会、相談会などを通して、重度障害児への理解と支援を広げ、悲願である県内の重症児施設建設に向け、また一歩、前進することができました。

ところが……。

希望に向けて一歩ずつ前進していたはずの、わが国初の国立重度障害児施設新設の計画は、当時の大蔵省の第一次予算査定では、全国に三か所、ベッド数も一二〇と、当初の予定よりも大幅に削減。秋田魁新報には「国立誘致、本県危ぶまれる」との見出しが躍りました。

秋田県内の国立重度障害児施設の設置は、絶望的になってしまったのか。

いいや、ここであきらめてはならない。

関係者は予算復活折衝のため上京し、国に対し、ねばり強く陳情を行いました。

そんな折も折、秋田県から秋津療育園に入園した重度障害児五人のうち二人が、相次いで幼い命を閉じてしまいました。秋田―東京間の一〇時間以上もの長旅と、環境の急変によりひよわな体が耐えきれず、心臓まひで天国に旅立ってしまったのです。

秋津療育園は、「二児の死因は、長旅の疲れによるもの。おばこ天使たちによる懸命の看護もむなしかった。地方にも施設があったら、この悲劇は避けられた」と、関係方面に強く訴えました。

新たな希望へ～国立重度障害児施設の建設、秋田県に決まる～

そして、奇跡は起きました。

二人の幼い命が失われた事実を目の当たりにした厚生省は、重度障害児施設を全国各地に分散して建設するべく、急ぎ予算要求を組み替え、その施設数を全国一三か所に増やすことができるよう、復活折衝に入ったのです。

そして翌年、一九六六年（昭和四一年）一月。

総額三九億五〇〇〇万円の予算が認められ、国立の重度障害児施設の秋田県への誘致が決定しました。設置は、秋田県を含む全国一〇か所。東京、長野、仙台、新潟などいずれもブロックの中心県ばかりのなか、秋田県の設置は異彩を放っていました。

「ねがい親の会」をはじめとする全県の関係者たちが力を合わせて粘り強く働きかけたことに加え、重度障害児対策の先駆者となったおばこ天使たちの実績が大きく認められたことも、秋田県への誘致に大きく影響したと思われます。


国立重度障害児施設は、本荘市石脇にある国立秋田療養所の敷地内に設置されることが決まりました。

同療養所の計画では、ベッド数は四〇床。建設工事は六月に着工、同年中に建物を完成させ、一九六七年（昭和四二年）二月に開設しました。

ついに、やっと、私たちの「ねがい」がひとつ、実現したのです。

秋田県内の重度障害児をもつ親たちは、「やっと春がきたようです」と、明るい表情を取り戻しました。私たちの努力と、二人の幼い命が失われたことは、忘れてはならないことです。
秋田県厚生部長、びわこ学園長、秋津療育園長はじめ、たくさんの方々から激励のお言葉をいただいたことも、私共にとってはさらなる励みとなりました。

「言語障害児をもつ親の会」結成

ここで、どもりなど言語障害の子どもを持つ親たちが一九六五年（昭和四〇年）一〇月、秋田市の児童会館で結成した「言語障害児をもつ親の会」についてふれさせていただきます。

言語障害児とは、心身ともに健康なのに、どもり、口蓋裂、発音異常、発声異常などによりじゅうぶん話ができない子をさします。当時、県内には三、四万人の言語障害児が存在すると推定されていました。小さいときから正しい方法で反復訓練すれば、一、二年で健常児と変わらないほどになるといわれながら、わが国では児童福祉対策の枠外に置かれたままで、秋田県内に専門学級はゼロ。全国でも、千葉県の四校をはじめ、東京都、宮城県、静岡県の各一校にしかない状態でした。

そんななか、秋田市在住の高校教諭・辻久視氏が会長に就任し、秋田県をはじめ多くの県で言語障害児のための教室が設置されていない現状を訴えました。辻氏は、言語障害に関する啓蒙活動にも積極的に取り組み、その様子は秋田魁新報に「ぼく、お話、したいんだ」という一〇回にわたる連載記事に掲載されました。講演会などにも登壇し、多くの人に言語障害への理解を深めてもらうために活動しました。

重度障害児のみならず、言語障害児のための支援体制の充実に向け、少しずつ歩を進め始めたのです。

そして翌年の一九六六年（昭和四一年）八月、秋田県初の「ことばの教室」が、秋田市旭南小学校に開設されました。これは、言語障害児への支援体制強化に向けた大きな一歩となりました。辻さんは、「三〇年代後半から、何度も教育委員会などに働きかけましたが、国が制度化していないものを県レベルで実施するのは難しかったです。開設当初は、秋田市内だけでなく遠くから通う子や、嫁入り前に言葉を治したいという若い娘さんもいました」と語っています。「ことばの教室」はその後、県北や県南にも次々と設置されるようになりました。

さて、前述したとおり、国立重度障害児施設の県内誘致の決定を受けた後、「ねがい親の会」と同様の関係民営団体である「県肢体不自由児協会」「県言語障害児をもつ親の会」「県精薄者育成会」がまとまってひとつの団体になり、協力しあって強くなろうと、合併の機運も高まりました。

秋田魁新報の社説では、「親の会」の合併について、次のように述べられています。

「親の会」合併を推進せよ

国立重症心身障害児施設の本県誘致実現は、親をはじめ、関係者に大きな喜びを与えた。だがわれわれは、喜びの陰に「ねがい親の会」やその同志的な背景が長年の間一致団結して、施設実現を目標に涙のにじむような努力を重ねてきた事実を忘れてはならない。

同時に今回のことを機会に関係者が、社会の底辺にある恵まれない人々の福祉増進のために、よりいっそうの努力研さんを積むべきことを新たに誓ってもらいたいと思う。

さいわい県内での関係民営団体が恵まれない人々の福祉充実をはかり、大同団結して、今後の運動を推進しようという計画がある。この四団体は重症・重度心身障害児たち関係者で結成している「ねがい親の会」「県肢体不自由児協会」「県言語障害児をもつ親の会」「県精薄者育成会」いずれも相互関係は深い。

合併の動機は施設内部の問題、予算面、両親又は一般の啓発など共通の苦悩を具体的に解決し福祉の増進を図ろうというもので、他県にはまだ実現した例はない。秋田県には重症心身障害児のみならず精薄、言語障害、肢体不自由児などが東北で最も多く存在又は潜在すると言われておりその面の医学的開拓も極度におくれている。

また、県あたりが解決にお先棒をかついでも民間の協力、自覚がなければ向上は期待されない。今回、他の「大県」とともに、秋田県に重症施設が誘致されたのも決して「ねがい親の会」の力のみではなく、他の三団体の強力なバックアップ、県、県民の大きな団結力の成果にほかならない。

四団体が合併強化され、世論向上の中心となることはこうした意味からも貴重な存在価値といえよう。今のところ団体相互に合併上多少の支障があるようだが枝葉の傷を気にするあまり幹の成長を忘れてはならない。また、県民世論の盛り上がりというタイミングをはずしてはいけない。

世論のあと押し無くしては、合併も意味がないことを考えるべきである。すでに重症施設の後続として言語障害児のための「どもりの教室」の設置がほぼ内定している。合併団体の強い運動と実質的な前進によって県内多くの子どもたちが一日も早く「小さなしあわせ」を獲得するよう県や県民すべてが惜しみない協力をささげるよう望んでやまない。

（秋田魁新報　昭和四一年一月一九日社説）

四団体の合併によって、活動の効率化や運動の強化が期待されましたが、諸般の事情により実現には至りませんでした。

しかし、四団体による「心身障害関係団体代表者懇談会」が開催され、各団体の事業計画について熟議。ともに情報共有しながら活動を進めていくことを約束しました。

二月一日には、前述した国立の施設に続き、太平療育園（秋田市）に重度障害児ベッド一五床と母子入園一〇床の設置が決定。これは、重度障害児のための施設不足解消に向けたさらなる一歩となり、たくさんの子どもたちが救われました。

この年も「新生おばこ天使」が誕生し、島田療育園、秋津療育園などに集団就職。秋田駅での見送りの様子を、秋田魁新報は次のように伝えています。

発車三〇分ほど前から、同駅五番ホームは見送りの家族や友人、それに佐々木県中央児童相談所長ら関係者でいっぱい。小畑知事からの記念の万年筆を佐々木所長が一人一人に手渡し『先輩に負けずにがんばってください』と激励。〝おばこ天使〟たちは、おりからの冷たい雨にもめげず、ほおを紅潮させて『秋津と秋田との〝愛のきずな〟をいっそう深めるよう努力してきます』とこたえていた。

（秋田魁新報　昭和四一年三月二三日）

おばこ天使の追跡ルポをはじめ、支援報道を展開してきた秋田魁新報は、三月二七日朝刊に「おばこ天使　あれからもう一年」と題する総括的な記事を掲載しました。

島田療育園に入ったおばこ天使の第一陣・一五人のうち四人が退職したそうですが、この春の「第二陣」で「〝愛の灯〟はガッチリ守られ、同園の看護体制は磐石だ」とし、感想や今後の抱負を伝えています。

ＢＳつくし会の依頼による福祉ゼミナール開催

また、同年八月一二日～一五日には、ＢＳつくし会の要望で「福祉ゼミナール」が開催されました。

この会は、心身障害をもつ兄弟姉妹の会（ＢＳはBrothers and Sistersの略）で全国組織もあり、秋田支部は五月に発足しています。会場は、花輪町の東山学園。お盆中で施設利用者のほとんどが帰省している期間を利用しての開催でした。

学生や会社員、高校生など二一名が参加しました。「心身障害児童の社会福祉や秋田県の現状と今後の課題」をテーマに、東山学園を創設、「ねがい親の会」のリーダーでもある小野寺先生がご自身の体験や社会福祉の理念と現状の課題を話されました。また、島田療育園に秋田県で初めて入園した子どもの父親・佐藤さんの入園までの経緯とその後の親の会の活動についてのお話、そして、県内福祉施設の保母として活躍中の「ねがい親の会」会員の中山さんの体験、この三人の講義を基に、座談会、懇親会、レポート作成等による学習会が行われました。私は事務局として、そのお世話にあたりました。

・障害を持った子どもとその親御さんの姿を思い浮かべるといい加減な生き方はもうできない。私は教職を志望。特殊学級の担任になりたい……人間としてあるべき姿を求める態度を失わないよう自分の立場と能力を考えながら社会の一員として努力したいと思う。

・子どもたちを将来、社会に順応できるよう育てあげることが、親や周囲の役目ではないだろうか。福祉国家の名のもと社会全体が一丸となって取り組む必要がある。

・私は福祉の仕事の中に犠牲ということを含めていたから、自然に特殊な仕事と感じていた。他人からもそういう目で見られるだろうと思っていた。反省します。ゼミナールの討議で人間の基本的権利を追求したことによって犠牲ということはもう心の中からは吹き飛んでしまいました。

・四日間の講義や話し合いによってこうも自分の心が変わるのかとびっくりした。

参加者の多くは、将来福祉や教育の道に進みたいと考えており、その心構えを変えたり、さらなる意欲を高めることができたという感想を寄せています。

「ねがい親の会」の運動は、多くの人々の心に障害児の福祉問題を投げかけ、これからの社会を担う若人の胸にも波及し、受け止められ、これを学び自らの人生を見つめようとする情熱を湧きたたせることができたことを実感。重症心身障害児への理解を深めることができました。

わが子の幸せを希う心で

一九六七年一月。

「つうしんねがい」二号を発行しました。

ここでは、小野寺会長の新年の挨拶を紹介します。

わが子の倖せを希う心で

この世の誰もが「わが子が倖せであってほしい。「平和で幸福な一生を終わってほしい」と強く希っている。

そのために、すべての人が、かけがえのない一日の生活を大切に心に刻んでよりよい明日を期待している。

なかでも、生涯を通じて一番大事な時期とされている乳幼児期に、いろいろな原因で、心身の発達が障害されたためにその後は残存の全機能を動員しても他の平均的な発育を続けた仲間とは、どうしても一緒になってゆけない、いわゆる心身障害児者を家庭にもっている人々の、この希いは、いかばかりか……。私達の想像を絶する激しさと、厳しさがあるものです。たとえこの希いが、人によってどんなに強く激しくあってもそれは、決して単なる利己の欲望ではなく、それこそ、人の心の誠の願いであり、真実の探求であり幸福追求の理想の姿だと私は思います。

私達は、「ねがい」の仲間として、常にこの理想を見失ってはいけないのです。より多くの人々が倖せに生活できる住みよい社会を福祉国家と呼んでいる今日、私達は今こそ、この理想を天に繋いですべての人々の愛を喚起し、この夢を明日の社会に実現しなければならないと思います。

今日の私達のためには多くの先達が、あらゆる障害を乗り越えて、幸福への道を開くために苦しい戦いを続け、そしてその斗いを私達が引き継いだのです。同じ斗いは今全国のいたるところで同志によって繰り返されているのです。思えば、戦後人々の心に燃えたこの理想の一粒が、全国のあちらこちらに芽をふいて、親の会がうまれ、やがて南浜を生み、若竹、阿桜、東山、大野台そして、先年来県一致して迎えた国立本荘愛育園となって実現されたのです。

私はこの十年を親の会づくりに、また、社会への啓蒙に、そして、東山学園創設に全力を注いで過してこられたことを誰よりも身にしみて倖せだったと思っています。

昨年来の課題であります同種団体の大同結束を速やかに推し進めて、よりおおきな丈夫な全県組織となって、共々に生命ある限り、わが子の倖せを希う心で、この理想実現の斗いを続けて参りたいと思います。

今年は静かに充実の年でありますよう祈っています。

昭和四二年一月

（つうしんねがい二号　新年の挨拶より）

ねがい親の会の波紋

「つうしんねがい」二号を発行した矢先、島田療育園で、またひとつ、小さな命が消えました。前に紹介した、重度の脳性まひで寝たきりの少年。二年前秋田の娘さんたちの善意をゆり動かし「おばこ天使」を実現させた少年です。人々の心に善意の灯をともした少年は、「もう僕の役目は終わったね」と言うかのように、静かにこの世を去っていきました。

この少年は、「ねがい親の会」の活動に深く関わってきたこともあり、彼の死は関係者にとって大きな悲しみとなりました。朝日新聞で「善意の灯を残して　五〇人の友に入園の糸口」と報道されました。

「おばこ天使」を生み、島田療育園入園の道を拓き、世論を動かし国や県の重症心身障害福祉対策の道を拓いたこの少年のお父さんは、その後亡き妻の遺志を継ぎ「ねがい親の会」の副会長に。そして精力的な支援活動に取り組むとともに中学校の特殊学級を担任され、共に歩んだ生徒の成長記録「がんばれA君」（一九六八年（昭和四三年）一〇月発行）をまとめ、そのあとがきに次のように寄せています。

親の切実な要求、訴え、叫び、かたことだったであろうか、つぶやきだったろうか。あるいは嘆きだったかもしれない。大小さまざまの「ねがい」をこめた切実な声、あすまでは待てないといった母の声が結集されてよちよち歩きの「ねがい親の会」が誕生した。「ねがい親の会」が発足して以来、まる五年になろうとしている。

数々の助言、はげまし、支援……それは、ひとりの障害児者を救おうといった局部的なものより、すべての子どもたちをすぐれた環境の中で　育てなければならないのだというおとなの、母の、父の、人間としての使命感に満ち満ちたゆとりある運動にまで波紋のように広がっていった。

それを背景とした、あるいは漂流といってもいいかもしれない。そのひとつのあらわれに昭和四〇年の早春から爆発的に大人を目覚めさせた「おばこ天使」となって行動に示されたことは、ここで、説明を要しないことと言えよう。

それが政治の施策の中に具体的に、「福祉をもっと進めなければ」と大きな比重を占めてあらわれて来たように思う。

世論を作ってくださった人々、その世論を助け、はげまし育ててくださった人々を私は知っています。

そして人間の尊さをもっともっと日常の生活のすみずみに浸透させるわれわれの努力もさらに自覚され、要求を高めていこうとする方向も、また、明らかにされてきたように思える。

ものは変わる、変えなければならない。黙っていては、変わらないことが多い。

わたしたち親は、とてつもなく期待する。

宿命といえるかもしれない医学に、教育に、政治に。

それがどこかで交わり一体となってすべての人々の生活を高めるために。そして誠意と、研究と、具現を欲してやまないし、それをこの生々した目でたしかめたいのである。

「ねがい」に結集した人々にもさまざまの起伏があり、条件の違い、障害の軽重のあることも事実である。

たった一枚のはがきで苦しみ、悩み、望み、悲しみを寄せ合った貧しく細々とした運動の歩みであった。そして、今も歩み続けている。

わたしも「ねがい親の会」のひとりの親であったし、今日も、明日も親であることには、変わらない。ずい分お世話になっていたようだ。皆さんと似たような「ねがい」を今も持ち続けそして、社会の人々に理解を求める努力を明日も続けたいと思う。

国中のみんなが、等しく暖かい血のかよった「太陽」を浴びるために。いつも思うのだが黙っていては「太陽」は照ってくれそうにない。私たちの手で暗雲をはらいのけ全力を尽くしてもはらいのけることができなかったとき近くの、遠くの強力な誠意ある協力者を得よう。あのA君のおかあさんのつつましやかで根気強く「母」の力を今も発揮しているように。

……略……

「親の会」の皆様に

日夜のご成育、療養、治療、訓練にあけくれている姿に敬意を表している。それを限りない理解と援助をしてくださっているさまざまの立場の方にも尊敬の念を忘れてはいない。

「わたしだけが」「だれもわかってくれない」から少し抜けだそう。一枚のはがきを寄せ合ったあの気力を再燃させよう。

加速的に進められた障害福祉対策

少年と、その父親の思いを引き継ぐかのように、一九六七年（昭和四二年）二月、秋田療養所内に国立の重度障害児施設「本荘愛育園」が開園し、秋田県をはじめ山形県、青森県の四〇人の子どもたちがこの施設で暮らすことができるようになりました。

一九六四年（昭和三九年）から一九六七年（昭和四二年）までの三年間、「ねがい親の会」は、さまざまな活動を通して、重度障害児への理解と支援を広げ、施設の建設や療育体制の充実に向けて大きな成果を収めたのでした。

複数の親の会の団結はありませんでしたが、小野寺会長は、その後社会福祉事業を行う「大館圏域ふくし会」を創設。障害者支援施設である「道目木更生園」「軽井沢福祉園」「矢立育成園」「白沢センター」など、老人福祉施設である「長慶荘」「神山荘」などの創設や開設にも中心的な役割を果たし、ご活躍くださいました。

くしくも、一九六七年（昭和四二年）一〇月には、特別国会において、「児童福祉法」の一部改正が可決成立。今まで法律の「外」にあった重度障害児施設が、児童福祉施設として認められるようになりました。重度障害児も、やっと児童福祉法の対象となりましたが、その対策は、ようやく出発点に立ったといえるでしょう。

その後、国も本格的に対策を講ずるようになり、一九七〇年（昭和四五年）には「心身障害者対策基本法」が制定され、各種施設の整備や開設、特殊学級（現在の特別支援学級）の増設が加速的に進められるようになりました。

一九七四年（昭和四九年）には、比内、本荘、秋田勝平に養護学校が新設されたことを皮切りに、各地に施設も新設。一九七九年（昭和五四年）には養護学校（現在の特別支援学校）が義務化され、施設の子たちも教育を受けられるようになりました。

「ねがい親の会」の子どもたちも、それぞれの施設や特殊学級を利用できるようになり、たくさんの子どもたちが救われました。

本章のしめくくりとして、大平療育園に入所できた女の子の祖母が会報「ねがい」に綴った投稿を紹介します。

『太平療育園に入園させて』

皆さまの絶大なるご努力によって、幹子も太平療育園に入れていただきました。

ばあさんと幹子、幹子とばあさん、二人で一人前、どうにかここまでやってきたのに、何もかも違った環境に住み替えた。

あの子はどう過ごしているのだろう。直接手をかけてくださる保母さん、先生、同室のお友達にどんなにかご迷惑をかけているだろう。

私はこの子の為、何としても共同生活をさせ、何か一つでも自分で出来る様にさせたいと近所の子どもと遊ばせたり色々手をかえては何かとやってみました。

そして「ねがい」は先生方のおかげで叶い、今回の入園となったのに、うちの中は、大きな穴が開き、寒い風が吹き抜けていく様で、とても寂しくなりました。

「ねがい」が大きな波紋を投げ、いつかどこかに親の手を離れて行く時が必ず来るでしょう。

その時のどこのどなたでも、必ず経験なさるこの寂しさ。

「お孫さん居なくなってゆっくりしたでしょう」と言われた時、私は答える言葉もなく家に逃げ帰り、幹子の写真にほおずりしました。

この子が少しでも上達した時、これからわたしが二十年たって世に居なくても、本人の為と泣き泣き我慢しています。

世の中のどなたに何と笑われても、幹子はわが家の太陽でした。

近頃、新聞誌上にも一般の人たちの注目をあびているこの運動に必ずほのかでも、光のさす時が来ることを期待して止みません。

（会報「ねがい」七号より一部抜粋）

この祖母の手紙は後半部分であり、前半部分では、施設ができ入所ができた感謝が述べられています。後半では、我が国の障害福祉のあり方と今後の課題を提起しているのではないでしょうか。

第四章　時代は平成・令和に
――障害福祉対策の方向転換

時代は平成に〜障害者計画の策定は各自治体で〜

「ねがい親の会」の活動を始めてから約三〇年後の一九九三年（平成五年）、「障害者基本法」が制定されました。これは、一九七〇年（昭和四五年）の「心身障害者対策基本法」を改正したもので、その理念には、障害者を特別視したり特別扱いしたりするのでなく、平等に扱い、かつ一般の社会で普通の生活が送れることを趣旨とする考え方である「ノーマライゼーション」の考え方が導入されています。障害者は社会を構成する一員であり、自立と社会参加が目的とされるようになったのです。

障害者計画の策定は地方自治体に義務づけられ、私の地元・比内町でも、一九九七年

（平成九年）七月、「比内町障害者計画～共に生きるまちづくりをめざして～」が策定されました。

まず、小規模作業所の立ち上げを

しかし、ここで新しい問題が浮上してきました。

比内町には、一般企業就労が困難な方が通所し作業もできる「小規模作業所」はありません。県立の養護学校は高等部まであるものの、卒業後、一般企業への就労が困難な方はどうしたらよいのでしょうか。障害者施設は満員で、高齢化もあり入所は数年待ち。それに施設の増改築や新築は今後行わないとのこと。自ずと、在宅を余儀なくされる若者が増える傾向にありました。

作業所の設立は早くから望まれていましたが、その設立運動や支援の機運はいまひとつ高まらず、不安と悩みを抱えたままの状態で歳月を重ねていました。

そんななか、二〇〇〇年（平成一二年）三月、県立比内養護学校を卒業する比内町出身者から「卒業後の居場所がない」「一日も早く小規模作業所をつくってほしい」という声が次々にあがったのです。

「ねがい親の会」は発展的に解消していましたが、私は地元で「比内町手をつなぐ育成会」の事務局を続けていましたし、一九九八年（平成一〇年）三月には教職を定年退職していたこともあり、この課題に真正面に取り組むことになりました。

障害福祉に関わる第二の人生の始まりでした。

教職退職後は、特に比内養護学校と連携を深め、「比内町手をつなぐ育成会」の活性化を図りました。そして、一八歳以上の障害者が通所できる「作業所」の設置を求め、要望書を町長と町議会に提出しました。

『福祉共同作業所（仮称）設立と障害福祉推進強化に関する要望書』

今、抱えている最大の課題は、養護学校高等部卒業後在宅となる子、年齢制限で施設を退所し、在宅となった方、なっている方、障害が重く就労が困難な方、就労はしたものの辞めてしまった方々の生活支援をどう進めるかであります。地域に根ざす福祉活動は、地域・民間団体との提携なくしてはできるものではありません。特に知的障害や精神障害に関しては、市町村にその措置権がなかったこともあり、あまりに取り残されてきた分野です。これからの障害福祉は、市町村の計画策定による時代となります。私たち育成会も、がんばります。どうか、一日も早く「障害のある人もない人も共に生きるまちづくりを目指して」具体的で積極的な取り組みを切に望んでやみません。さしあたり、次の事項を早急にご検討ください。（一部抜粋）

一、福祉共同作業所（仮称）の設立（地域に開かれた小規模作業所）

二、障害福祉の推進強化

三、福祉懇親会の開催

比内町長様

平成一二年六月二日　比内町手をつなぐ育成会　会長　奈良正一

幸いにも、議会満場一致による採択になりました。

傍聴席は満員、私も保護者とともに傍聴。採決の結果には深く感動し、涙がこぼれました。

県立比内養護学校では、毎年九月と一一月、二週間にわたって生徒たちが地元でさまざまな体験実習を行っているのですが、「今年は比内町手をつなぐ育成会が主体となって行ってほしい」という依頼がありました。

困った困ったと言っているだけでは、一歩も前に進みません。「まず親たちが動くことから」と、宮崎博文養護学校長の提案でした。民生委員の方からも、「悩みばかり話し合っていないで早く立ち上がりなさい。全面的に協力しますよ」と、力強い後押しをいただきました。「実習には、仕事を休んででも世話にあたります」という保護者もいて、作業所立ち上げのステップになるかもしれないという思いもあり、引き受けることにしました。

体験実習は、比内公民館の一室を借り、「模擬作業所」としてスタートしました。利用者は、比内養護学校の生徒四名と在宅者八名の一二名。養護学校からは先生の派遣があり、保護者は交代で世話に当たりました。室内では手工芸による比内のお土産づくり、地域貢献活動として、近くの公園の清掃も行いました。

そして、作業所の運営主体となる「支援する会」を組織化し、作業所立ち上げの手続きを着々と進めていきました。

小規模作業所「とっと工房」誕生

「支援する会」の会長は、元町長・元養護学校後援会会長でもあった若松吉治氏が引き受けてくださり、二〇〇一年（平成一三年）四月、念願の小規模作業所が開設されました。

独自の建物ができるまでは模擬作業所の継続として公民館の一室を間借りし、指導者として比内養護学校教頭を定年退職した大越千鶴子さんをむかえ、指導員を新たに二名採用。保護者は輪番で補助にあたり、私は責任者として活動を始めることにしました。

作業所の名称は、公募により「とっと工房」に。比内地鶏で有名な比内町らしい名称になったと思いました。

当時、小規模作業所設立の動きは全国に広まり、年間二〇〇～三〇〇か所も立ち上がっていました。二〇〇〇年（平成一二年）には合計約六〇〇〇か所に。まだまだ需要は増える傾向にあり、大きな課題となっていました。

小規模作業所は無認可で、建物建設の補助金はありません。国は国庫補助対象の方向で動き出してはいましたが、法人格の取得や経営実績等の要件が必要であり、私たちには実績もなく到底補助対象にはなりません。しかし、これまでの「比内町手をつなぐ育成会」の活動を認めてくれた比内町は、運営費の補助や建物の新築資金を措置してくださいました。

また、「比内町手をつなぐ育成会」の会員でもある比内町出身の県議会議員・菅原龍典氏は、建設資金の補助を求めて「秋田県障害福祉施設等療養環境レベルアップ事業」を提唱。補助金交付の道を開いてくださいましたが、法人格取得が必要であったため、町当局は、建設主体を「比内町社会福祉協議会」にし、県の補助を受け、地域住民約三〇〇人から寄せられた建設募金を合わせ、格安で借用の県立比内養護学校近くの前田野休耕畑地に立派な建物を新築してくださいました。建設募金は「支援する会」の計画によるものです。

ただただ、感謝の一念でした。

法的保障のない小さな作業所設立に、自治体や地域住民がこれほどまでに援助してくださったことは、全国でも珍しいことだったようです。まさに、共生の取り組みでした。

待ち望んでいた障害者対応の居場所・働く場をようやく提供できるようになりました。

利用者は、二十数年も社会的ひきこもりの方、一般企業に就職したけれども解雇された方、入退院を繰り返していた方、入所施設を退所していた方、身体障害者で在宅の方、以上の方々に比内養護学校を卒業したばかりの四名を加えた一一名でした。

翌年の二〇〇二年（平成一四年）三月。間借りの公民館から、前田野の新築快適な「とっと工房」に引っ越しました。

ボランティアの力も借りながら、民芸品の製作、農園芸作業、学校教材の袋づめ作業等活動の場を広げ、交流活動も組み入れた日課と向き合う日々が続きました。

利用者は次第に言葉が増え、笑顔が見られるようになり、主体的に活動に取り組むようになりました。手工芸による作品は、道の駅に委託販売。農作物は、当初は職員や保護者に販売、各種イベントにも出品。しかし、収入は微々たるもので、むしろ赤字でした。

「工賃はいりません」という保護者もいましたが、「利用料を払うので、社会人として励みになるような工賃を支給してほしい」との意見が出され、恥ずかしいほど少額な工賃でスタートしました。

初工賃は、二〇〇〇円～五〇〇〇円。

たどたどしい言葉で「ありがとう」と両手を差し出し笑顔で受け取る利用者を前に、このままではいけない、少しでも多い賃金を支給できる作業所にしていかなければならないと、決意を新たにするばかりでした。

二〇〇四年（平成一六年）四月二二日。

「小規模作業所の明日をひらく全国大会」が、東京の日比谷公園で開催されました。

障害者本人とその親たち、作業所の職員等合わせて約七〇〇〇人が全国から集まり、地域で暮らす拠点である小規模作業所の法的位置付けを求めて立ち上がった、熱気あふれる大会でした。

日比谷公会堂では、小規模作業所の利用者代表が、約五〇人の国会議員を前にして、

「私はひきこもりでした。しかし、小規模作業所で元気になりました。作業所をなくさないでください」

「私は精神障害です。一般企業ではなまけ者と言われ、解雇されました。なまけてなんかいません。体も心も本当にしんどいのです。でも、小規模作業所で救われました」

と、毅然とした態度で訴えました。

野外音楽堂でも、同様に、「住み慣れた地域で普通に暮らしたい」「友達や家族と離され生きがいを奪われる時代は終わりにしたい」などと訴えました。

終了後のパレードには、約五〇〇〇人が参加。要望書は、厚生労働省、内閣府、財務省に届けられました。大会には、私も参加。わが国の障害者運動史上、当事者自らが社会進出した初めての大会であったと感じ、「とっと工房」のあり方や将来像に、思いをめぐらしました。

新体系「障害者自立支援法」への移行

秋田県は、二〇〇五年（平成一七年）のモデル作業所として、県内に二か所を指定。その一か所に「とっと工房」が選ばれました。これは、年内の成立が見込まれている「障害者自立支援法」の新たなサービス体系への移行促進を図るための新規事業であり、事業の名称は「小規模作業所支援充実強化事業の育成事業」です。

「とっと工房」が選ばれた理由は、法人化へ意欲があり、障害の別を問わず受け入れているること、就労支援に向けた作業開発に努力していること、地域の支援態勢がよいとのことでした。

増え続ける無認可の作業所に対して国は、二〇〇一年（平成一三年）「小規模通所授産施設制度」を導入していましたが、「とっと工房」は、資産や五年間の実績がなく、対象外でした。

時期を待っていましたが、二〇〇五年（平成一七年）の「障害者自立支援法」成立により、「小規模作業所」も、この「通所授産施設」も廃止。「できるだけ早く新体系に移行を。運営母体の資産や実績条件は問わず、NPO法人格でもよい」とのことでした。「とっと工房」は、県のモデル作業所としての実績や市（二〇〇五年・平成一七年に大館市と合併）の法人化補助も受けていたことから、早期対応の必要がありました。

新体系に移行するにはさまざまな条件や資産が必要で、それらの調整、県や市との交渉、協議、法務局への手続きなど、私にとっては初めてのことばかり。大変でしたがなんとか乗り越えることができました。この年の運営に関わる補助金は大幅に激減しましたが、早くから減額を予想し積み立てていた「つなぎ資金」を充当しました。

二〇〇六年（平成一八年）六月、「とっと工房」は、法人格を取得できました。

新たな名称は、「特定非営利活動法人共生センターとっと工房」となりました。家族、施設の仲間、地域の人々と共に歩める地域社会でありたい。その拠点になるよう願いをこめて命名しました。

同年一〇月には「障害指定福祉サービス事業所・就労継続支援B型」として認可され、はれて法定施設に昇格することができました。ちなみに、この年に移行できたのは、全国及び県でも少数で、わずか三パーセントだったことが後にわかりました。

新体系の事業は、生活介護、就労移行支援、就労継続支援（A型・B型）、地域活動支援センターの四部門。「とっと工房」は、就労継続支援B型で、その概要は、「就労の機会や生産活動の機会を提供（雇用契約は結ばない）、工賃は月額三〇〇〇円以上、給付金は日払い方式で一割の応益負担あり、利用定員は概ね二〇人以上」というものでした。

概要にある「給付金の一割負担」とは、「増大する福祉サービスの費用を皆で分け合おう」という国の名文句で、家族の所得に応じた負担ということになりますが、「働きに行くのになぜお金を払わないといけないの？」という矛盾が発生。「憲法違反だ」と訴訟を起こす人もあり、退所者も続出し、全国的にも大きな問題になりました。さいわい「とっと工房」には退所者はいませんでしたが、支払い困難の方は存在しました。

その後、二〇一〇年（平成二二年）、「障害者自立支援法」見直しにより、とっと工房の利用者全員が無料になりました。

新体制への移行が全国的に進まないことから、国は、ただちに移行できない事業者の新しい事業に対して特別交付金による支援を行い、移行促進、基盤整備を図るよう通知しました。

「とっと工房」は、これを最大限活用。二〇〇六年（平成一八年）から二〇一二年（平成二四年）までに農作業棟新築・増築、前田野事業所増築、いぶり大根加工設備整備、トラクター・車椅子車両の導入と、新体制に移行できず解散するひばり作業所の利用者と職員一四名の受け入れを条件とする長岡事業所の大規模改修を行いました。長岡の土地は旧縫製工場建物付きで取得していたもので、工場の内部改修により受け入れ態勢を整えることができました。

移行初年度の補助金と、この特例交付金の合計は、約六〇〇〇万円。工賃倍増五か年計画への取り組みが条件でした。おかげさまで事業は拡充し利用者も増加。作業の効率化を図る基盤を整備することができました。

法定施設に生まれ変わった「とっと工房」は、これまでの室内作業、手工芸による日用品の製作、学校教材の袋づめ作業、公園の清掃、裏の畑での野菜栽培を継続しつつ、今後は農業に力点を置くことに。冬の時期の作業と収益増を図るため、「いぶりがっこ」（いぶした大根を漬けたもので、香ばしく独特の風味が味わえる秋田県の名産品です）の加工に本格的に取り組むことにしました。

これは、「支援する会」の会長でもある千葉忠孝さんの提案で、千葉さんの協力と指導があっての作業開発でした。

近隣の休耕地を無償で借り受け大根畑を拡充。いぶり大根の仕込みは近隣の専門農家の指導と協力を受け、大量に仕込むことができるようになりました。根菜洗浄機や自動真空包装機を導入して保冷倉庫も設置し、作業の効率化を図りました。

「いぶりがっこ」は好評で、「とっと工房」の目玉商品となりました。

農産物の販売は、近くの温泉施設が引き受けてくださり、毎日の出荷もできるようになりました。その後、手芸用品も展示・販売しており、「とっとの店」として親しまれています。

「とっと工房」の活動の広がり

「とっと工房」の基盤整備で農作業の施設整備を進めるなかで、授産施設等活性化事業補助も申請し、農業専門員の雇用も実現。農作業が順調に進むようになりました。大根の収穫や漬け込みは、スタッフ・メンバー総出の作業。いぶりがっこは地域の評判にもなり、注文もくるようになりました。これらが大幅な収益増につながり、工賃アップを図ることもできました。

この取り組みは県にも認められ、二〇一〇年（平成二二年）一〇月二九日〜三〇日、厚生労働省工賃倍増五か年計画支援事業「至福のお届け」好事例発表・展示即売会（三八都道府県・九四事業所が参加）に、秋田県代表として参加。東京のベルサール秋葉原に作品を展示・出店し、好評を博しました。

二〇一二年（平成二四年）六月。

ひばり作業所の利用者と職員を受け入れた長岡事業所では、これまでのひばり作業所での作業、学校教材の袋づめ、お酒箱の組み立てなどを継続しながら請負作業等の拡充も図りました。この年、生活介護事業を含めた多機能型事業所に変更し、定員を四〇人に更新しました。

作業ばかりでなく、県の障害者スポーツ大会には当初から全員参加。フライングディスク競技を中心に、陸上、水泳にもエントリーし、メダル受賞者が続々出ました。県代表として全国大会に出場し、メダルを受賞した方もいました。

長岡事業所では、公園清掃、とっと工房ふれあい祭り、収穫感謝祭、町の文化祭に作品展示など、地域との関わりも積極的に行いました。

春・秋の研修旅行も楽しみで、とっと工房五周年・十周年記念旅行では東京ディズニーランドへ。初めての飛行機に大歓声でした。

二〇〇七年（平成一九年）。

「とっと工房」の事業拡充に臨むなか、聞こえてきたのが、「障害をもつ児童・生徒が放課後や夏期・冬期の長期休業や学校の休業中に過ごす場所・児童デイサービス施設がない。とっと工房の増築を機に整えてほしい」という声でした。

子どもたちが放課後を過ごす場所として児童館はあるものの、利用できるのは小学三年生までで、障害のある児童は受け入れてもらうことができません。聞くと、自宅で過ごすか、車で送り迎えをしながら鹿角市や北秋田市の施設を利用しているというのです。早速それらの施設に視察に行くと、利用者の半数以上が大館市の子どもたちとのこと。「大館市にもあればいいですね」と、視察先のスタッフに言われ、びっくりしました。

私はこの問題を、発足したばかりの「大館市障害者自立支援協議会」に提起し、議論が始まりました。その後、比内養護学校ＰＴＡは、市長・市議会に要望書を提出。採択になりました。

市は、児童デイサービスを、「とっと工房」の増築棟の一室を間借りする形で進めてくれることになりました。しかし、申請の段階で、目的外使用となることから許可を受けることはできませんでした。

保護者にはすでに受け入れを約束済みであり、今さら中止することはできません。

そこで協議を重ね、市の地域生活支援事業「日中一時支援事業」として進めることにしました。この事業は、「在宅障害児の日中における活動の場所を提供し、家族の就労支援及び一時的休息支援を行う」というものです。

急きょ、物置にしていたプレハブ棟を整理し、床の張り替えや入口の改修など、最小限の環境整備を整え、トイレや水場は「とっと工房」を借りることにしました。スタッフとして、比内養護学校寄宿舎の指導員を退職していた二人を採用し、なんとか開設にふみきりました。

名称は、「なかよしとっと」。「ここではみんな、なかよしで楽しいところ」という、子どもたちの言葉をヒントに命名しました。劣悪な環境ではありましたが、

「プレハブでも受け入れてくれる建物があってよかったです」

「子どもは、学校よりも『なかよしとっと』に行くのを楽しみにしています」

「遊び相手がたくさんいて充実しています」

など反響は大きく、保護者会では「児童デイサービス事業として発展的に継続できるよう、独自の施設を新設してほしい」という声があがりました。

しかし、NPO法人では施設整備の国庫補助は受けられません。思案にくれていましたが、NPO法人でも「社会福祉施設設備整備計画」の応募が可能な制度改正があったという朗報が入ってきました。このチャンスを生かしたいと、市の担当者も真剣に考えてくれ

ました。

そして再度協議を重ね、長岡事業所の敷地内に、独自の建物を新築することにしました。設備整備の国庫補助と市の補助、それに自己資金を合わせて約五二〇〇万円。立派な建物を建設することができました。

劣悪な環境でも楽しく過ごしたプレハブから、長岡の快適な「なかよしとっと」に引っ越しました。

児童福祉法による放課後等デイサービス「なかよしとっと」開設

二〇一三年（平成二五年）四月。

児童福祉法による放課後等デイサービス「なかよしとっと」を開設。この事業は、「学校通学中の障害児に対し、放課後や夏休み等の長期休業中において生活能力向上のための訓練等を継続的に提供することにより、学校教育とあいまって障害児の自立を促進するとともに放課後等の居場所づくりを行う」というものです。

利用希望が多く、市の「日中一時支援事業」を継続し、併設で対応することにしました。

利用者のほとんどは比内養護学校（現在支援学校）の児童・生徒（小・中・高）で、専用の「とっと車」で送迎することにしました。

さらに進む平成の障害福祉改革。法整備次々と

時を同じくして二〇一三年（平成二五年）四月。「障害者総合支援法」が施行されました。これは、二〇〇六年（平成一八年）施行の「障害者自立支援法」を改正したものです。その基本理念として、条文に次のような内容が記載されています。

障害のあるなしにかかわらず、共生する社会を実現すること
全ての障害のある方が身近な場所において、必要な日常生活又は社会生活を営むための支援を受けられること。そのために社会における障壁を解消していくこと

二〇一一年（平成二三年）障害者虐待防止法成立、改正障害者基本法成立

二〇一二年（平成二四年）障害者相談支援義務化
二〇一三年（平成二五年）障害者統合支援法、障害者差別解消法成立
二〇一四年（平成二六年）日本国障害者権利条約批准一四一か国目
　　　　　　　　　　　　障害児相談支援義務化
二〇一五年（平成二七年）発達障害者支援法改正、障害者差別解消法施行

平成の障害福祉改革により、次々となされた法整備。専門性の高い障害についても、市区町村の相談事業として義務化され、「ねがい親の会」時代の「親たちのねがい」は、ほぼ解決。障害者の人権を守る法整備がやっと整ってきたことを実感しました。

「とっと工房」や「なかよしとっと」が開設された当初は、市内初の施設として注目されましたが、この一〇年で同業者が増え、利用者は施設を選ぶ時代になりました。

選ばれる施設にするためには、何よりも「とっとに行きたい」という施設にしなければなりません。魅力ある経営、環境整備、地域との交流など共生社会づくりの取り組みが求められていることを、肌で感じたのでした。

時代は令和に——とっと工房の現在

「とっと工房」開設を共に歩んだ当初の会長・理事長は、二〇一七年（平成二九年）までにはすでに故人となり、私は高齢により退任しました。現在は、新たな理事長・施設長で進められています。利用者も増え、各種事業も独立化。二〇一七年（平成二九年）には、グループホーム「たのしいわが家」を新築開設。これは、本人や家族の要望によるもので、二〇二〇年（令和二年）には第二ホームを増設開設しています。

「とっと工房」の活動拠点は四か所になりました。

・前田野事業所（生活介護事業　定員二〇名と就労継続支援B型事業　農業班）
・長岡事業所（就労継続支援B型　主に室内作業　農作業も　定員四〇名）
・なかよしとっと（放課後等デイサービス事業　定員二〇名と日中一時支援事業　数名）
・グループホーム二棟（共同生活援助事業　定員各棟七名計一四名　短期入所二名）

二〇〇一年（平成一三年）、利用者一一名、職員五名で発足した「とっと工房」は、二〇二四年（令和六年）現在、利用者一〇九名（「なかよしとっと」契約者三〇名含む）、職員は四六名になりました。まだまだ増える傾向にあります。障害児者が地域で暮らす拠点として、このような施設がいかに必要であったか物語っているようです。

二〇二一年（令和三年）、改正食品衛生法により、いぶりがっこのような漬物も製造許可制になりました。「とっと工房」の当初の設備では許可にはなりません。しかし、改修の設備整備には補助はなく、多額の自己資金が必要です。かなりの重荷でしたが三年の猶予期間最終年（令和六年）にようやく対応。現在は、立派な加工場が新築されています。

まだまだ続く大きな課題

障害者を取り巻く環境は、時代とともに少しずつ改善されてきました。

しかし、まだ問題は山積みです。一般就労が困難な方、わけあって入所や通所施設を退所し自宅にひきこもっている方、だれにも相談できずひっそりと暮らしている方がまだまだ存在していると思われます。

その一方で、障害者自身の個々の能力発揮によるスポーツや絵画・文化活動、社会参加等の活躍が、新聞やテレビ等で紹介され、共に喜び、学び合う機会も多くなってきています。公共施設にはスロープや多目的トイレの整備も進み、社会は徐々に変わりつつあります。

二〇二四年（令和六年）七月、「旧優生保護法『違憲』最高裁、国に賠償命令」のニュースがありました。これは一九四八年制定の旧優生保護法下による理不尽な不妊手術を受けていた方たちの訴訟による裁判で、戦後最大の人権侵害であるとした歴史的な判決でした。首相は謝罪し、保障制度創設へと動き出しました。二〇二二年度（令和四年度）の内閣府の調査では、『「世の中に障害を理由とする差別や偏見がある』との回答は九割近くに上る。旧法による優生思想はまだまだ根強く残っている」のニュースもありました。この判決は根強く残っている優生思想を一掃し、共に生きる社会づくりに向けた新たな一歩になったものと考えられます。これを生かした取り組みをいかに進めていくか、今後の大きな課題でもあります。

また八月には「障害者五〇〇〇人解雇・退職　全国三～七月　就労支援事業所三二九か所閉鎖」のニュースがありました。これは平成の障害福祉改革障害者自立支援法（平成一七年制定、現障害者総合支援法）による新体系、就労継続支援A型事業所（最低賃金保障）のことで、「公費に依存した事業所の経営改善を促すため国が収支の悪い事業所の報酬引き下げを二月に発表したことが主な要因」と報じられています。これにより解雇・退職となり、賃金の低いB型へ移る方も続出とのこと。

平成の障害福祉改革は徐々に進められているものの、就労のあり方が早くも大きな課題として浮かびあがってきています。これも今後の大きな課題です。課題はまだまだ山積しています。

おわりに

平成時代、わが国では障害福祉政策の大改革が行われました。

「障害者と健常者が分けへだてなく安心して暮らせる地域社会づくり」住み慣れた地域で暮らす共生社会の実現です。

五十数年前、施設づくりに「ねがい」をこめていた私にとっては、「脱施設、施設から地域へ」には戸惑いましたが、「やはり来たか」という思いもありました。法整備は徐々に進み、相談機能も整い、利用者はサービスを選択する時代になりました。

言葉使いも、「精神薄弱を知的障害に」をはじめ、「精神分裂を統合失調症に」「自閉症他を発達障害に」「施設収容を施設利用に」「措置費を支援費に」「措置を契約に」「特殊学級を支援学級に」「養護学校を支援学校に」などと変化しました。

これらの言葉の数々は、障害福祉の理念や障害者への対応のあり方を変えること、障害者の人権尊重・共生の社会づくりの道しるべとなることを実感しました。

二〇〇九年（平成二一年）には、脳性まひ支援対策として、出産に伴い重度脳性まひになった子どもに補償金を支給する産科医療補償制度（申請期間は五歳まで）も施行されました。しかし、あまりにも遅かったのではないでしょうか。

時代は令和に。ここでまた、新しい問題が浮上しています。

二〇一四年（平成二六年）一月、日本は国際障害者権利条約を一四一か国目として批准していますが、その審査会が二〇二二年（令和四年）八月、スイスのジュネーブで開かれ、日本の障害施策の点検が行われました。この審査会は、日本政府と対面で行われ、日本から障害者やその家族ら約一〇〇名が渡航。他国に比べ異例の規模であったと新聞報道されています。

そして九月には、「障害児・分離教育の中止を」「入所施設から地域社会生活への移行」「精神科強制入院制度の廃止」「優生思想の撤廃」「福祉的就労（就労継続支援B型）の段階的撤廃を」など、多岐にわたる勧告を受けています。大きく前進してきたはずの、わが国の障害児者福祉対策。しかし、国連からみると「まだまだ遅れている」と判断されたといってもも過言ではないでしょう。この課題をどう受け止め、どのように対応していくのでしょうか。

五十数年前、就学猶予・免除を受けていた親たちが結束し、県や国に要望、運動を起こし、特殊学級や養護学校、福祉施設を増設した経緯があります。また、一八歳以上の障害者の福祉的就労の場、小規模作業所立ちあげの経緯もあります。これにより、たくさんの障害児者が救われていたことは明らかです。このことをすべて隔離や分離と決めつけないで、その成果を生かした日本ならではの対策を講じてほしいものです。

私の「ねがい親の会」との関わりは教職に就いたばかりの頃の、わずか五、六年程度でしたが、その後、特殊学級担任を一〇年、一九九八年（平成一〇年）三月の退職後は障害福祉大改革の真っただ中で小規模作業所を立ち上げ、平成一八年新法「障害者自立支援法」施行に伴う移行手続き、施設の基盤づくり、事業拡充等に関わり約二〇年、ねがいの会の時と同様、紆余曲折の歳月でした。

法整備は徐々に進められ、ねがいの親たちのような悩みはほぼ解決されています。重度の子どもたちも、地域の学校の支援学級や支援学校で教育を受けられるようになりました。障害福祉サービスは選択の時代に入っています。

しかし、根強く残っている優生思想や偏見をいかに払拭し、国連の障害者権利委員会による勧告をいかに受け止め、共生の社会づくりをしていくのか、今後の大きな課題です。これは「ねがい」の親たちの最も望んでいたことです。

あの親たちの涙や汗、あの叫び、「おばこ天使」のことを振り返ると、わが国の障害福祉対策の歴史の証言になるのではないだろうか。決して忘れられてはならないという思いで本書をまとめてみました。

当時の皆様たちは、その後どんな人生を送っていたことでしょうか。本書作成にあたって相談をと思いましたが、故人もあり、共にご高齢で住所変更もあり、連絡もとれず、当時の事務局サイドでまとめさせていただいたことをご了承くださいますようお願いいたします。小野寺会長と県北の支部長、県央の地区長には連絡が取れ、喜んでいただいたことは幸いでした。

本書は、たくさんの方々のご協力の賜物です。私の当初の原稿は、各種資料のスクラップのようなものでしたが、文芸社様は、その資料をていねいに分析・整理し、一冊の本としてまとめ上げてくださいました。また、秋田魁新報社や関係者の皆様からご協力をいただき、おかげさまでまとめることができました。心からの感謝とお礼を申し上げます。

本書が世に出る頃には、少しでも多く共生社会に希望の光がさしこんでいますように。

宮越　禎子

二〇二五年（令和七年）一月

著者プロフィール
宮越 禎子（みやこし ていこ）
1937年10月　秋田県生まれ、在住。
1958年３月　秋田大学学芸学部（短期課程）修了。
1958年～1997年　秋田県公立小学校教員（うち10年は特殊学級担任）
1964年～2005年　地元の心身障害児者を持つ親の会事務局
（うち５～６年は県「ねがい親の会」事務局を兼務）
1968年～2009年　精神薄弱者相談員（1990年厚生大臣より感謝状）
2001年～　心身障害者小規模作業所（無認可）「とっと工房」施設長
2006年～2017年　法内施設「共生センターとっと工房」施設長
2018年　秋田県大館市功労賞

この子らを救え！　ねがい親の会の軌跡と波紋

2025年４月15日　初版第１刷発行

著　者　宮越 禎子
発行者　瓜谷 綱延
発行所　株式会社文芸社
〒160-0022　東京都新宿区新宿１－10－１
電話　03-5369-3060（代表）
03-5369-2299（販売）

印刷所　株式会社エーヴィスシステムズ

ISBN978-4-286-25473-9